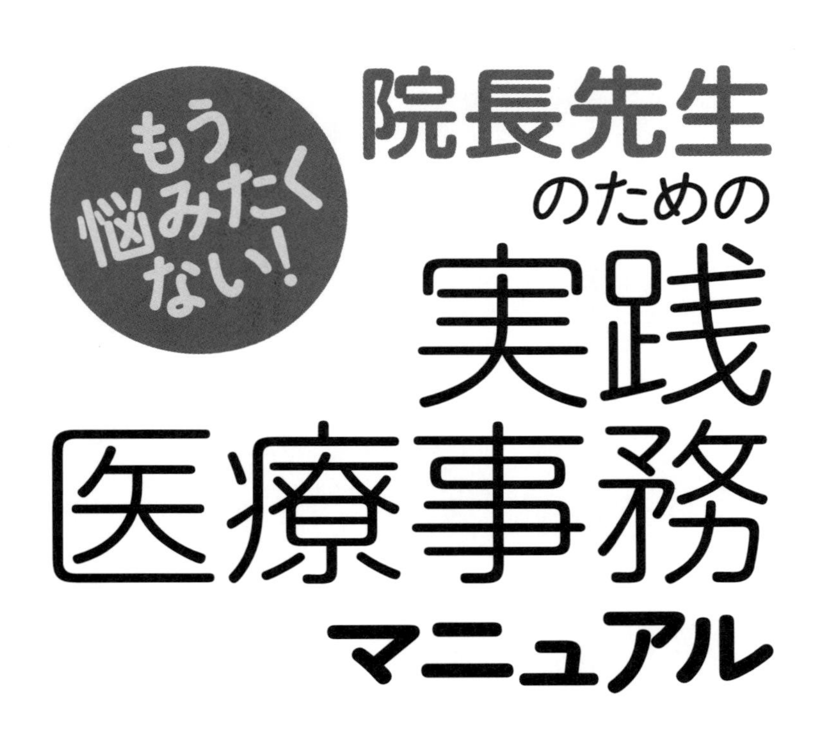

田中健太 著

セルバ出版

はじめに

はじめまして、まずは本書をお手に取っていただきまして、ありがとうございます。私、医院・歯科医院専門で事務長代行（非常勤事務長）を行っております田中健太と申します。

私はこれまでの約 10 年間、医院・歯科医院の院長先生とお話ししながら、一緒に悩み、励まし合いながら、医院運営のサポートをしてきました。

ここで、少し私の自己紹介をさせてください。

香川県高松市で生まれた私は未熟児（1680 グラム）で、予定より 1 か月半早く生まれ「子ども用の棺桶を用意してください」と言われたところから人生が始まりました。「もし生きられたとしても、脳か目には障がいが残る可能性があることを覚悟してください」とも言われたそうです。幸いどちらにも大きな障がいはなく、その時にお世話になった医師や看護師、病院スタッフの方々には感謝しかありません。

その後、大阪府枚方市で育ち、塾や予備校での講師経験を経て、2009 年に大阪府南部にある有床診療所に事務長として勤務することになりました。現在までに医療に関わるようになって約 15 年になります。

当初の 5 年半は、事務長を正職員として勤務していましたが、勤務先の理事長（院長）先生とは、毎日毎日、診療前と診療後にコミュニケーションを取ってきました。

時には怒鳴り合うような喧嘩になったこともありますが、私が独立してからも毎月、意見交換を絶やさず、未来の医療のあり方について語り合うこともたくさんあります。

その院長先生の口癖が「院長先生が変われば、医院はすぐに変わることができる。スタッフが成長しても、院長先生が変わらなければ、結局根本は変わらず、医院として何も成長しない」ということです。

しかし、多くの医院では、事務長というポジションの人間はほとんどおらず、変わりたいと思っていても、1 人で孤独に悩んでいる院長先生が多くいらっしゃいました。

私が独立したのも、正にこの言葉に動かされたのでした。

「1人で悩む院長先生と、毎月数回でも会ってお話をうかがいながら、医院運営のサポートをしよう」と思って、事務長代行を行う会社を設立し、独立いたしました。

もしかしたら、生まれたときに未熟児である私を救ってくれた医療に対しての恩返しの気持ちがあったのかもしれません。自己紹介が長くなってしまって申し訳ありません。最後までお読みいただきまして、ありがとうございました。

現在、事務長として感じることは、医院にとっても先が見えない時代に入ってきたということです。

診療報酬の減少、人件費の高騰、物価の上昇、ＤＸ化の波など、医療の世界でも他業種と同じような流れは来ています。

ただ、他業種とは大きく異なることが、収入に連動する診療報酬のことです。医療業は、レストランのように「来月からメニューの値段を変えます。ご了承ください。」ということができません。患者さんから消費税もいただいておりません。

しかし、取引業者さんから物品購入の際、消費税はかかっていますし、スタッフが長く勤務すれば、毎年給与を上げていかないと、続けて働いてくれない可能性もあります。給与を上げる義務は法的にはありませんが、上げていかないとモチベーションも下がりますし、転職される可能性も高まるからです。

診療と経営のどちらのかじ取りも、院長先生1人にかかっているという重圧の中、毎日起こるトラブルに対してもスタッフから報告を受け、スタッフに指示を出し、別のことで患者さんから怒られる、ということも起きているかもしれません。

そのような大変なストレスの中、開業医の先生（以後、呼称を院長先生に統一します）にとって、少しでも医院運営を含めた医療事務の業務に関して、ヒントをお伝えできればと思って、本書を書きました。

なお、本書では「医療事務」はレセプト業務、または受付業務よりも、かなり広い意味を持つ言葉として使用しています。

医療事務そのものの内容と、医院運営のバックヤード業務の内容を含んでおりますので、ご承知おきください。目次をご覧いただきまして、院長先生のご興味のある内容からお読みいただければ幸いです。

また、医院、歯科医院をまとめて本書では「医院」の表現に統一します（歯科医院だけにありそうなときは、「歯科医院では」の書き出しにしています）。医院ならではのことや、実際にあった事例などもできるだけ入れていますので、参考資料としてご活用いただければ幸いです。

では、まず医療事務の基本から見ていくことにしましょう。

2024 年 11 月

田中　健太

もう悩みたくない！　院長先生のための実践医療事務マニュアル　目次

第２章　医療事務の具体的な業務手順とは

第3章　患者管理と診療報酬請求事務

第４章　医療事務の効率化に向けて

第5章　医療事務トラブルへの対応

第１章　医療事務の基本を知る
～仕事内容について

1　医院運営と医療事務概論

病院と医院

医療機関を大きく分けたときに「病院（病床 20 床以上）」と「医院（診療所）（病床 19 床以下）」になることは、院長先生にとっては釈迦に説法ではあると思いますが、以後本書でお話しすることは、医院に関しての内容です。

開業する前は、多くの先生は病院での勤務医経験を経ていることが多く、開業後に、自院の医院と以前在籍していた病院との規模の大きさはもちろん、様々な違いに戸惑いがあるのも事実だと思います。

病院では多くの部署、職種、多くの人が一堂に集まり、働いています。部署が多くあるということは、役割分担がされていて、それぞれの職種の業務のみに集中することもできるでしょう。

医師の立場であれば診療に集中でき、カルテ入力も医師事務補助者にお任せし、健康保険証の情報や患者さんの費用負担など、気に留めていない先生もおられたかもしれません。

医院だとできることに限界があるかもしれない

しかし、医院においては、職種も人数も限られるため、業務内容は病院よりも広いことが多く、手が足りないときは、職種を超えて助けあうことも日常的に起こります。

電話が鳴っているのに、医療事務スタッフが電話対応できない状況のとき、看護師が医療事務スタッフに代わって電話に出る、あるいは看護師が忙しい状況で、検査場所までの案内を医療事務スタッフが行っているなど、医院ではよく見る光景です。

医師である院長先生も例外ではなく、診療に加えて、カルテ入力や次回予約の調整などを行う場合もあるので、開業してみると、その役割の広さに驚く院長先生もおられます。

院長先生が、ご自身の医院を開業され、どのように運営していくかを考えたときに、病院ではできていたことが、医院ではできない、ということも人の面、お金の面、設備の面などたくさん発生します。そのような違いを理解し、できることの中で最大限を目指す必要があります。後述する診療報酬も含めて、病院と医院では違いがあることを理解することが大切です。

人間なので、時には弱ることも、焦ることもあると思いますが、そんなときこそ原点に立ち返り、何のために開業したいと考えたのか、どんなことを思って開業という道に進んだのかを思い起こしてみてください。

自分の医院だからこそ、できることもきっとあるはずです。ないものねだりばかりしていても始まりませんので、院長先生を信じて入職してきたスタッフと一緒に、できることのベストを常に考えていくことに目を向けていきましょう。

開業医になるということ

医院にとって院長先生は、診療リーダーであることはもちろん、経営のトップであることを忘れてはなりません。経営判断は、どれだけスタッフが育ったとしても、院長先生の専決事項なのです。「経営者は孤独だ」という言葉は、どのような院長先生にも共通することであり、世間一般の企業の社長も同じ思いを持っています。医師である院長先生だからといって、経営から逃れることはできません。

一方で、自分で決められるということは、ご自身の思いを生かした医院をつくることができるのも事実です。ある院長先生に開業の思いをお聞きすると「病院では患者さんの声を聴くことができず、病院の判断で治療方針が決まってしまう。私はもっと患者さんの声を聴いて、自分が目指す医療を一緒につくりたい」とおっしゃっていました。

せっかく開業した、あるいはこれから開業するのであれば、先生の思いを生かしていくことができます。

いずれにしても、院内で起こることはすべて自分の責任と捉え、経営者であることの自覚を持ち、日々の診療にあたることが大切です。

間違っても、スタッフに「病院勤務のときのほうがよかった」などと話をしてはいけません。院長先生を信じて、お仕事をしているスタッフのモチベーションが大きく下がってしまいます。

以前の勤務先から連れてくるスタッフは諸刃の剣

最後に、開業時によくある事例としてお伝えしたいことがあります。それは、病院勤務時代、あるいは他院勤務医時代に一緒に働いていたスタッフを雇用した場合の注意点です。

お互いの気心の知れたスタッフが、開業の際に手伝ってくれるのは、何よりも心強いことだと思います。スタッフの方も「先生に頼りにされている」と感じて、一所懸命に開院準備をしてくれることがほとんどです。

しかし、開業後おおよそ１年くらいまでの間にお互いに違和感が出て、スタッフが退職することがよくあります。これは、それまではお互い「勤務者」だったのに、開業することで院長先生は「雇用者」になり、立場が変わるからです。

そのためいままでと全く同じように接したり、時には所属している病院の悪口を言ったり、ということができなくなり、距離感が変わるのです。そこでスタッフは「先生は変わった」とか「先生が私に冷たくなった」などと感じ、院長先生は「私の立場もわかってくれよ」とか「あなただけを特別視するわけにはいかない（今までも特別視しているわけではないのですが、周りと比べて距離感が近かったという意味です）」など、必ず両者の関係に変化があるからです。

開業前から知っているスタッフとお別れするのは寂しいですが、立場の変化があった以上、仕方がないことです。これは他業種でも同じことが起こっています（同時に辞めたスタッフ２人で一緒に独立して、一方が社長、一方がスタッフになると同じことが起こっています）ので、そんなに気にする必要はないかと思います。

個人医院と法人医院の違い

ちなみに、医院を開業後の展開を考える際、個人医院と法人医院ではどう違うのかも知っていただくとよいかと思います。

医院を立ち上げた際は、個人医院（医師開設）としてスタートしたかと思いますが、例えば厚生年金の加入などは、個人事業主に関しては、農林漁業、サービス業などの場合を除いて、従業員が常時５人未満の場合は、事業所に任されているのです。

法人医院（非医師開設：医療法人、一般社団法人、株式会社）では、従業員が常時１人いれば強制加入となります。

医院の場合、従業員０人は、まずありえないかと思いますので、法人医院になるということは、厚生年金加入事業所となります。また、分院を設立するためには、法人医院になる必要があります。

法人医院で最も多いのが、「医療法人」ですが、医療法人になるためにも都道府県のルールがあります。個人医院を開設してすぐには医療法人の申請ができませんので、申請に必要なルールについても都道府県にご確認ください。20 頁の図表１は、大阪府の場合の医療法人化の手続の流れの例です。

このように、設立の事前登録から法人医院の設立まで約１年かかります。そして手続の機会は、年２回しかありません。すべてに締め切りがあり、すべて厳守しないといけないです。「忘れていました、すみません」では通らないので、医療法人化の手続に関しては、専門家にお願いする院長先生も多いようです。

また、医療法人になると業務範囲が定められていますので、厚生労働省のサイトにある、「医療法人の業務範囲 ＜令和４年２月 22 日現在＞」をご参照ください。

その他、個人医院と法人医院のメリット、デメリットについては、参考資料やサイトなどもありますので、よくご検討いただけますと幸いです。都道府県のサイトに医療法人化の手続が掲載されていますので、将来医療法人化を検討されているようであれば、予めご確認ください。

医療事務は事務スタッフがやればよいか

医療事務の実務は、もちろんスタッフにお任せすることですが、「院長は医師だから」「院長は歯科医師だから」と丸投げするのも違います。先ほども 17 頁の「開業医になるということ」でお伝えしましたが、最終的な責任は院長先生にあります。ということは、お仕事はお任せするけど、「責任まで投げられる」わけではありません。

また、院長先生が普段診察している場所と、医療事務スタッフがお仕事す

【図表1　大阪府の場合の医療法人化の手続の流れの例】

■ 医療法人設立スケジュール

令和6年4月1日掲載

スケジュール	令和6年度 1回目	備　考
①【必須】設立の事前登録	令和6年 5月1日(水曜日)～ 5月31日(金曜日)	○ 令和6年10月1日(火曜日)付けで本申請を行うためには、事前登録のうえ、設立代表者が②の説明動画を視聴することが必要です。 ○ 事前登録はインターネット申込みにてお手続きください。 〔インターネットを利用できない方は、以下の問合せ先(大阪府保健医療企画課医事グループあて)にご相談ください。〕
② 設立に関する説明(動画視聴)	令和6年 6月10日(月曜日)～ 6月21日(金曜日)	○上記①で事前登録された方に対して動画視聴ができるウェブサイトをご案内します。(対面型の説明は行いません。) 〔インターネットを利用できない方は、以下の問合せ先(大阪府保健医療企画課医事グループあて)にご相談ください。〕 ※ 設立代表者となる方は、左記期間中に公開する説明動画を必ず視聴してください。 ※ 動画の視聴方法等は、申込時に登録いただいたメールアドレス宛に、6月10日(月曜日)にメールをお送りいたしますので、必ず内容をご確認ください。
③ 仮申請提出期間 ※締切厳守！	令和6年 7月1日(月曜日)～ 7月19日(金曜日)	○ 提出書類：仮申請書類一式(誓約書以外は押印不要) ○ 提出方法：レターパック等記録が残る郵便のみ。持参による提出は認めません。 令和6年7月19日(金曜日)当日消印有効(締切り後の提出は返送します)。 ○ 提出先　：大阪府保健医療企画課医事グループ　又は　大阪市保健所保健医療対策課医療法人グループ宛て (以下問合せ先を参照)
④ 仮申請書類の審査	令和6年 受付後～9月中旬	○ 必要に応じて書類の補正等にご対応頂きます。
⑤ 本申請	令和6年10月1日 (火曜日)	○ 担当者より別途ご案内します。
⑥ 大阪府医療審議会への諮問	令和6年 11月中旬～11月下旬	
⑦ 設立認可	令和7年1月上旬	
⑧ 認可書交付・法人運営と今後の手続きについての説明	令和7年1月上旬	○ 設立認可書を交付するとともに、医療法人の運営と手続きについて説明します。 実施方法は設立代表者となる方にお知らせします。
法人診療所開設　令和7年3月1日 診療所の開設許可申請(保健所・保健福祉センター)や保険医療機関指定申請(近畿厚生局)等診療所開設等に必要な手続きについては、それぞれの所管部署にご確認ください。		

【問合せ先】◆大阪市以外に診療所を開設：大阪府保健医療企画課　医事グループ
大阪市中央区大手前2丁目1番22号 (TEL：06-6941-0351 内線：2599 もしくは 4532　FAX：06-6944-7546)
◆大阪市のみに診療所を開設：大阪市保健所　保健医療対策課　医療法人グループ
大阪市阿倍野区旭町1丁目2番7－1000号　あべのメディックス10階 (TEL：06-6647-0936　FAX：06-6647-0804)

(出典：https://www.pref.osaka.lg.jp/documents/3968/r061001_iryouhoujin-setsuritsu_schedule.pdf)

る場所が、物理的に離れていることが多いので、普段の様子がわからず、何かトラブルがあったときに、医療事務スタッフのことを誤解することがあります。院長先生も人間なので、物理的に近い職種と遠い職種では、両者を比べるとコミュニケーションを取る量の差ができてしまいます。

これは何も医療に限った話ではありません。医療事務スタッフともよくコミュニケーションを取り、共通認識を多く持つことや、定期的に医療事務スタッフのお困り事を聞いてあげることが大切になります。

人間関係でよくあるお話ですが、お互いの関係づくりを強くしておかないと、同じ状況でも誤解されることがよくあります。例えば、院長先生からの視点で、信頼しているから「仕事を任せた」のに、仕事を任された方は「院長先生がやりたくない仕事を私に放り投げた」と解釈するということもあります。これはコミュニケーション不足から来ることが大半です。

誰に何をお願いするか、というのは、医院のような小規模の事業所にとっては、大切な課題の１つです。お任せの仕方もスタッフによって変えていかないといけないです。前提や理由が必要なスタッフ、細かい手順が必要なスタッフ、方向性だけ示してあとは行動してもらうスタッフなど、実に様々です。１人ひとりをよく見極めて、スタッフにお仕事をお任せしていきましょう。

医療事務の役割①：レセプト業務

レセプト業務の詳細については、後述しますが、医院における最大の収入源であり、この業務が甘いと、医院経営が成り立たなくなります。医院収入の約７、８割はレセプト業務から得られるものなので、実務はスタッフに任せるにしても、医師、歯科医師しかできないこともあるので、院長先生としてはしっかりと意識することが大切です。

レセプト請求の経験がある医療事務スタッフであっても、そのことを理解していない場合もありますので、業務の重要性はよく理解させるようにしたいものです。

そのため、最近はレセプト業務に関してアウトソーシングする医院も増えています。病院であれば医事課などがレセプト業務に関して、日々業務をすることもありますが、医院には医事課が存在しないため、日常として受付、会計業務をしながら、月末から翌月 10 日にかけてレセプト業務を行うことが通常かと思います。何年もかけて、レセプト業務できるスタッフを育成しながら、レセプト業務の精度を高めている医院がほとんどです。その育成のために、アウトソーシングしながら自院スタッフの育成に生かしている医院もあります。詳しくは後述します。

医療事務の役割②：医院の顔として

医療事務スタッフは、患者さんが最初に出会うスタッフです。どんな会社でもお店でも、外部の人が最初に出会う「受付スタッフ」は、会社、店舗の顔です。その顔の印象が悪ければ、当然二度と来ることはないです。たとえアルバイトやパートであったとしてもです。

それは医療でも同じことで、病気で困った患者さんに対して、医療事務スタッフが偉そうな態度、横柄な態度を取れば、それはすなわち医院の悪い評判につながります。

同じように、患者さんが医院の最後に出会うのも、医療事務スタッフです。「終わりよければすべてよし」の言葉が示すように、終わりがよくなければすべてよくないのです。

院長先生や医師の診察を受けて安心した患者さんが、最後の最後で医療事務スタッフから適当な扱いをされた、気分を害するような発言をした、ということになれば、その患者さんは、二度と院長先生の診察を受けることはないでしょう。

不満を持った患者さんは自分の家族、友人や知人に伝えることだけではなく、ネット上での口コミに書くことも増えています。

ネット上の口コミは、その真偽は明確でないことも多いのですが、影響力があるのも確かです。

医院の評判を落とさないためにも、意識をしておきたいものです。

医療事務の役割③：診察室と待合では違う顔を見せる患者

患者さんは、病気でお困りごとを抱えておられるため、いつもと違ってイライラされている方も多いです。不安な気持ちや焦りなどがあるため、普段は気にならないことでも、気に障ったり、待ち時間が長いとイライラして、受付で怒鳴ったりということもあります。

院長先生にはニコニコしていても、他スタッフにはイライラして…ということも、少なくありません。「診察室ではいつも笑顔だけどなあ」と感じる患者さんであっても、院長先生がいないところでは、違う表情や態度を見せることがある可能性を理解してください。

2　医療事務の重要性

医院の収入は、医療事務で決まる

先ほどもお伝えしましたが、医院の収入は医療事務スタッフのレセプト業務で決まります。

重要なお仕事なので、院長先生が１人でレセプト業務を行っているところもありますが、患者さんが増えてくると、現実的には不可能になるかと思います。算定ルールも診療報酬の改定ごとに変わっていくため、時間の関係から考えても院長先生だけで対応するのは難しくなります。

そのため、医療事務スタッフにお任せしていくことになるかと思います。院長先生は経営者として、経営者にしかできないお仕事を考える、実行することが大切になりますので、レセプト業務は医療事務スタッフを育成しながら、お任せしていく方向が基本になります。

実際、処置、処方に関しては、患者さんに対して、医師が実行したことを入力するので漏れは少ないのですが、検査、管理料などの算定漏れが多くなっています。

院内で実行した医療行為を確実に算定するためには、院内での情報共有、役割分担なども必要になります。誰がどこで何を入力し、どこでチェックをするかという流れです。

漏れを防ぐためには、ダブルチェックではなく、横断的な役割分担をすることが重要となりますので、院内で定期的に話し合いを持ちながら、自院のルールにしていきましょう。

レセプト業務は、急にできるものではない

医院は受付、会計業務といった日常業務と並行して行っていることが多いため、急成長できることは難しいです。

毎日、朝から夕方までレセプト業務に集中できればよいのですが、医院の場合、レセプト業務のみに集中させることは、人件費上からも難しいのが現実かと思います（訪問診療を積極的に行っている医院で、レセプト業務に集中して取り組むスタッフを採用している例はありますが、外来診療中心の医院では、あまりないかと思います）。

そのため育成に時間がかかることが見込まれますが、いきなりすべてを内製化するのではなく、例えば半年、１年など期間を限定して、あるいは育成に絞ってレセプト業務の会社にアウトソーシングする方法もあります。

病院であればレセプト業務を丸ごとアウトソーシングしていることもあるかと思いますが、医院においては予算上難しいことと、医療事務スタッフの醍醐味、やりがいにもなるお仕事なので、時間をかけて育成するようにしていきましょう。

自院に合ったスタッフ採用と育成が必要

レセプト業務は、他院での経験をそのまま生かせない可能性があります。診療科目により算定項目や管理料などが異なるためです（都道府県によっても保険が通るもの、通らないもののローカルルールも存在します）。後ほど述べますが、医療機関によって、仕事の進め方やルールなどが異なることもあって、即戦力採用はほぼ不可能と考えたほうがよいです。

・自院で育成していけそうか
・自院の理念に合いそうか
・自院の雰囲気に合っているか

など、自院なりの採用活動をすることが重要になります。

採用後、最も苦労するタイプの人材は

ここで、クイズです。次の⑴から⑷のうち、採用後最も苦労する人材はどれだと思いますか。

⑴ 自院の理念に共感し、仕事の能力も高い。
⑵ 自院の理念に共感しているが、仕事の能力は低い。
⑶ 自院の理念に共感していないが、仕事の能力は高い。
⑷ 自院の理念に共感しておらず、仕事の能力も低い。

いかがでしょうか。

もちろん⑴は採用、⑷は不採用ということは言うまでもないですが、⑵と⑶については意見が環分かれるところではないでしょうか。

院長先生にお聞きすると、⑵を避けがちになるのですが、最も避けないといけないのは⑶です。仕事の能力が高いだけに、院長先生の理念に沿わなくても、患者さんからの評判がよかったり、周りのスタッフが頼りにしていたり、という状況になっていると、院長先生からの指示や意図が通らず、最悪周りのスタッフを引き連れて退職、ということもあり得ます。

このことから考えると、院長先生の理念に共感し、患者さんのために力を出してくれそうな方を採用することが基本になります。仕事の能力については、もちろん高いに越したことはないのですが、育成次第で能力が伸びる可能性があります。

一方、理念に共感しない方は、その後も共感しないままです（人の考えを変えることは、そうそう簡単にはできないからです）。

医療事務資格をいくつかご紹介すると

医療事務で有名な資格は図表２のようなものがあります。

【図表２　医療事務の資格と呼ばれる主な例】

＊診療報酬請求事務能力認定試験
（合格率　医科・歯科約 35％）

＊医療事務管理士 ® 技能認定試験
（合格率　医科・歯科約 50％）

＊医事コンピュータ技能検定試験
（合格率　準１級約 60％、２級約 65％、３級 75％）

（合格率：著者調べ）

この他にも資格はありますので、一部をご紹介しております。

資格を持っていることだけで即戦力と判断しないこと

では、資格を持った方が、即戦力なのかというと、次の２点から必ずしもそう言い切れないことが多いです。

⑴ 医療事務の「資格」は、幅広い

医療事務の資格は至るところで取得できます。医療事務系の専門学校を卒業している方から、数か月の通信教育まで、「医療事務の資格を取得しました」と言っても、かなり幅広いです。そのため、面接で「資格がある」というだけでは、即戦力とはいえないことがほとんどです。その点、焦って採用しないようにしましょう。

⑵ 資格を取得した後、どのような経験をしたか

資格は取ったけれども、

・その後医療機関で勤務せず一般企業で就職しました

・病院勤務の経験はあるけど、医院勤務の経験はありません

このような方が面接に来る場合もあります。大切なことは資格取得後、どのような経験をしたのか、医療機関勤務経験があっても、どの部署でどの程度のことを任されていたのか、などによっても、即戦力とはいえないことも多々あります。

以上の点から、医院採用において、医療事務スタッフの即戦力採用は、ほぼできないという前提に立ったほうがよいかと思います。

先ほど理念に共感するかどうかが、医院スタッフ採用で大切なことはお伝えしましたが、資格や経験だけに惑わされず、自院に合ったスタッフなのかどうかを見極めていきましょう。

医院に事務長は必要か

さて、医院がある程度大きくなってくると「事務長」の採用も検討する院長先生もおられるかと思います。開院して間もないころは、バックヤード業務はすべて院長先生が対応したり、院長先生のご家族の方に手伝ってもらったり、ということが一般的です。

結論から申し上げますと、絶対に必要かと言われれば、「絶対ではありません」が私の答えです。医院がある程度の規模までであれば、事務長を雇用

してもそこまでお任せする業務がないのが実情です。

患者さんが増えてきた、スタッフの人数が10名を超えてきた、法人化したい（分院展開したい）、営業活動・広報活動を任せたい、などをきっかけとして、事務長雇用を検討する院長先生が多いように感じます。

事務長を雇用するのであれば、それなりの役割を担ってもらうことが重要になるので、慎重に判断すべきです。

事務長にどんな仕事をしてもらうか

事務長の役割は、病院とは大きく異なるもので、一言で言えば、マネージャーでもあり、ユーティリティプレイヤー（どんな役割でも対応する、ということです）でもあることが必要です。

私は、事務長の業務範囲はどこまでですか、と聞かれたら「医療行為以外すべてが医院事務長の業務範囲です」とお答えしています。

診療時間中、院長先生は診療を行わないといけないので、例えば院外への営業活動などは、事務長が担えば大きなプラスになる可能性もあります。患者さんからのクレーム対応なども、診療中に院長先生が診療を止めて対応しないといけないことから解放される可能性もあります。

ただ、他のスタッフと異なり、事務長しか行わない業務が多いためブラックボックス化して、院長先生や医療事務スタッフから「何をしているかわからない人」と信頼を失うことになりかねません。

ある院長先生が仕事中こっそりのぞきにいくと、スマホで動画を見て仕事をしていなかった方もいるようです。定期的にスタッフに関わる業務を必ず入れましょう。

また、医院の売上を横領していた、というケースもありますので、医院から支払などについては、最初から事務長に任せないほうがよいです（支払データは事務長が作成し、院長が最終決裁をするなどの流れは、ある程度信頼関係ができてからなら検討できるかと思います）。

このように事務長を雇用するにしても、リスクを伴いますので、医院内でどのような役割を担ってもらうか、プラスになりそうかなどを慎重に判断する必要があります。

事務長採用のポイント

事務長採用は、医療事務スタッフの採用よりもさらに難しく、時間がかかる場合があります。ある医院の事務長を採用するまで 150 人面接をして、やっと 1 名採用できた例もあるくらいです。事務長は年収ベースで 450 万円以上、月収ベースで月 35 万円から 40 万円以上の募集が多く、医院にとっては大きな人件費になります。

年収がある程度高い給与になるため応募数は多くなる傾向ですが、高い給与につられ、医院の求める人物像とは大きくかけ離れている方も混ざってきます。面接で「私は○○しかやりたくないので、あとは院長夫人が今までどおりやってくれたらいいのでは」と驚きの発言をされた方もいるくらいです。

また、病院の事務長経験者は医院に合わないことも多いです。病院の事務長経験者がすべてよくないとは言いませんが、業務範囲を限定せずに取り組んでいただいたり、何かトラブルがあったときにすぐ動いてほしかったり、という点では弱い方が多い印象です。「これ、私の仕事ですか？」と聞かれる時点で、医院の事務長としては難しいと判断せざるを得ません。

採用のポイントとしては、コミュニケーションのキャッチボールのレスポンスがよいこと、未知の分野でも学ぶ前向きな姿勢があること、素直であること、院長に対しても自分の意見を持ち具申できること、主に女性の職場でのマネジメント経験があることが挙げられます。

本来であれば、院内スタッフから選抜することがよいのですが、それが難しい場合は、30 代ぐらい（もちろん 40 代以上でフットワークが軽い方は対象になり得ます）までの医療機関未経験者で、上のポイントを持っていそうな人材を採用するとフィットする可能性が高いです。

現場スタッフの目もいれて選考してみてください。

3　医療事務スタッフ採用の重要性

労働力人口の減少と採用

以前からいわれているように、日本の人口は減少しています。人口動態によると次頁の図表３のようになっています。

【図表３　日本の人口の推移】

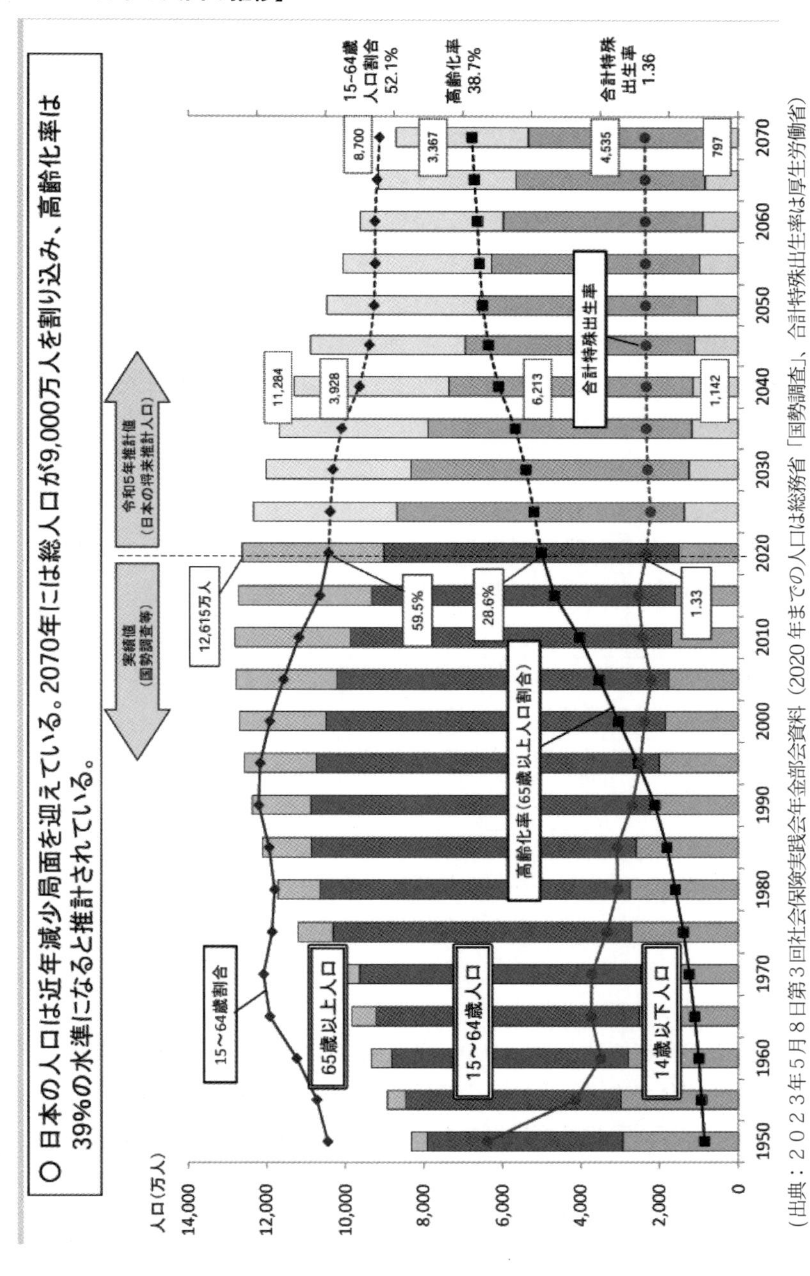

（出典：２０２３年５月８日第３回社会保障審議会年金部会資料（2020年までの人口は総務省「国勢調査」、合計特殊出生率は厚生労働省「人口動態統計」、2025年以降は国立社会保障・人口問題研究所「日本の将来推計人口（令和５年推計）」（出生中位（死亡中位）推計））

この状況から、労働力人口は減少していきますので、働き手の奪い合いであることは言うまでもありません。

特に新型コロナウイルス感染症の大きな影響を受けた飲食業、接客業、サービス業などで、人材確保の動きが強くなっており、給与条件などでは、医療機関を上回ることが多くなっています。

診療報酬を主に収入とする我々医療機関にとっては、給与を上げることが難しくなってきているのが実情なので、給与面で他業種を大きく上回ることは事実上不可能となります。

ただ、働き方は多様化しており、給与面だけで職場を選んでいるのではありませんので、どんな働き方を希望する方が応募して来るのかを思い浮かべて、仮想の人物像をつくってみてください。これを「ペルソナ」立てといいます。

ペルソナは1人の人間ができるレベルまで立てていくことが大切

ペルソナは具体的であればあるほどよいです。項目としては、次のものになります。

・居住地　・年齢　・家族構成　・経験　・仕事を探している理由
・職場に求める条件　・年収想定

このような項目を具体的に立てることで、具体的なペルソナができます。

ペルソナを立てることによって、

➡募集媒体（ペルソナが何を見て仕事を探しているか）
➡キャッチコピー（どんな言葉に目を止めるか）

などにもつながります。

私も「どの募集媒体がよいのか」と質問されることが多いのですが、一律にどの募集媒体がよい、というのではなく、時期や職種、雇用形態によって変わりますので、その都度最適なものはどれかを選定する必要があるということです。

また、医療事務スタッフは、いわゆる一般職のため資格がなくてもできるお仕事です。応募者は、医療機関だけでなく、幅広くお仕事を探しているケースがほとんどなので、多くのお仕事の募集内容を見ていると考えられます。

そのため、目を惹くキャッチコピーをトップに持ってこないと、内容まで深く見てくれない可能性が高いです。

どれだけ高い給与水準にしたとしても、目を留めてくれないと応募することはありませんので、求人にあたっては、このキャッチコピーも重要であることを忘れてはいけません。

採用にも準備が必要

採用活動に関しては、どれだけ準備をしているかが重要になります。面接は応募者と履歴書があれば、「とりあえず」形にはなります（大変失礼な言い方かと思いますが）。

しかし、準備不足のまま面接をすると、ミスマッチの人材を採用することにもなりかねません。日本の法律上、一度雇用したスタッフに辞めてもらうことは、かなり難しいです。

したがって、自院に合わないスタッフは雇用しないことが一番のリスクヘッジになります。そのため、採用に関しては入念な準備を行うようにしましょう。

では、具体的にどのような準備をすればいいのか。それは、雇用条件、勤務ルールの確認とミスマッチを防ぐための面接時アンケートの作成です。

面接時は、お互いどこまで本音が出るのか正直言ってわかりません。応募者は少し納得していないことでも、面接時に「大丈夫です」「問題ありません」と返答するものの、入職後に「こんなこと、聞いていません」と反応されることも多々あります。

そのトラブルを防止するために、雇用条件やルールはもちろん、「患者さんの状況に応じて残業が発生する場合があります」なども、面接時アンケートに入れて了承をもらっておくようにしましょう。

面接時アンケートを使用する意味

面接時アンケートは、「面接時にそんな話はなかった」と言われることが

【図表４　面接時アンケートの例（抜粋）】

（事務長（候補））≪常≫

医療法人●●会　●●クリニック　事前調査票（記入時間は20分です）

記入日：令和　　　年　　月　　日

あなたの勤務希望等についてのお尋ねと確認事項です．

採用や採用後の勤務に関わる重要事項ですので，よく確認の上，記載して下さい．

1 お名前を教えてください。

お名前（　　　　　　　　　　　　　　　）

2 勤務時間についてお伝えします。

９：００～１８：００（６０分休憩）

ただし、業務の都合で、勤務時間が変更になる日もあります。

また、勤務終了時間については、業務の状況により異なります。

この点はご了承の上，早退等なく勤務いただけますか。

□　承諾する　　□　承諾しない

3 給与について

・月額●万円～●万円です。（管理職のため、残業代は発生しません）

ただし、能力に応じて、早期に昇給することがあります。

・給与について教えてください。→現職（または直近）の月収　約（　　）万円（税込）

→希望する月収　約（　　）万円（税込）

・その他の手当

交通費は電車・バスに関して、実費支給（上限、月額30,000円）いたします。

4 その他の待遇

・社会保険・労働保険について【完備】

労災保険、雇用保険、健康保険、厚生年金

・休日　日曜日＋月曜から金曜のうち一日休日（週により変わります）、祝日

夏期休暇、年末年始休暇　各々約５～７日間

・有給休暇

概ね、入職６ヶ月で１０日間の有給休暇が取得できます。

5 勤務条件について

勤務はいつから可能ですか。勤務可能開始日を教えてください。（　　月　　日）

通勤は何で来られますか　原付　／　自転車　／　徒歩　／　電車・バス

通勤にかかる所用時間はどれくらいですか　（　　　　　　　）

（著者作成）

ないように、先にお知らせする内容を入れておきます。

もしその内容に納得がいかない場合は、面接後応募者から辞退することになると思います。

自院のルールや文化に合わない方は、ある意味入職前に辞退してもらうほうがいいのです。入職後、あわない人に辞めてもらうのは相当にハードルが高いので、お互いのミスマッチを防ぐためにも、面接時にはぜひアンケートを実施してください。

前頁の図表4は、面接時アンケートの例です。

面接時アンケートを行う効果は他にもあります。

後ほど述べますが、いまは「履歴書を先に送ってください」は、その時点で応募辞退につながります。

特にパート採用となると、ほぼ郵送してきません。理由は、郵送代がかかるからです。採用されるかどうかもわからないのに、なんで郵送代をかけてまで郵送しないといけないのか、という思いが強くなってきています。

ブランクのある方は、履歴書を先に送ってブランクがあることがわかり書類選考で不採用になるくらいなら、面接を確実にしてくれるところに応募するという思考もあるようです。

いずれにしても、最近は面接時持参という形が増えていますので、医院としては、先に履歴書をじっくり見る時間がないままの面接になってしまい、よい面接ができない可能性もあります。

そこで、この面接時アンケートを実施すれば、15分から20分は記入時間がありますので、記入前に履歴書を預かり、履歴書の内容を確認する時間にあてることができます。

履歴書は手書きでないといけないのか

また、履歴書についてですが、以前は「手書き限定」で、ということもよくありましたが、最近はパソコンでつくれるものもあり、複数社に応募したいという意味で、パソコンでつくる方が増えています。

私の意見としては、履歴書はパソコン作成でよいと思いますが、面接時アンケートで手書きしてもらうので、字のクセや記入内容などから、応募者のパーソナリティーを読むことができ、それで十分だと考えています。
ぜひ自院に合った面接時アンケートを作成してみてください。

せっかく応募の連絡があっても、候補者を逃していないか

もう１つ大切な準備ですが、それは院内スタッフにも、スタッフ募集中であることをお伝えしておくことです。

後述しますが、最近は電話応募が減っているのですが、中には電話で聞きたいことを問い合わせしてから、という方もおられます。

勇気を持って医院に電話したけれども、
「スタッフ募集？　何のことですか？」
と返事されたら、その方は二度と応募することはないです。

そのような対応がないように、スタッフ募集を始めたら、少なくとも電話を取る可能性のあるスタッフには、そのような問い合わせがあるかもしれない、ということを徹底しましょう。

ペルソナ採用の具体例

先ほど、ペルソナの話をしましたが、もう少し具体的に考えていきましょう。項目は先ほども挙げましたが、図表５のとおりです。

【図表５　ペルソナを考える上での具体例】

・家族構成
・年齢
・経験
・居住地
・仕事を探している理由
・職場に求める条件
・年収想定

では、例えば、平日午後のみ勤務のパート医療事務スタッフを募集したいとします。午後のみ勤務募集というのは、人が集まりづらい内容です。

特に関西圏の医院は、午後診というより夜診（夕方から19時か20時までのイメージ）なので、スタッフを採用することに苦戦している医院が多いように見受けられます。

ここでは、ある医院で、平日午後の勤務時間が15時30分から19時30分までとします。1日あたり4時間勤務です。土曜午後休診、水曜か木曜一日休診という医院が多いので、最大週4日勤務となります。1週間あたり3日だと、週12時間勤務で、4日だと週16時間勤務です。

ということは、雇用保険加入もしない形になるので、この働き方に合うのはたいてい「夫の扶養内勤務希望」ということになります。

さて、夫の扶養内勤務希望の方のペルソナを立ててみましょう（図表6）。

【図表6　夫の扶養内勤務希望の方のペルソナ立て】

■家族構成
・夫、子ども2人（高校2年生、中学1年生）

■年齢
・40代半ば（お子さんの年齢から考えると）

■経験
・新卒で一般事務の経験があるので、パソコンは使える（約20年前）

■居住地
・医院から自転車で通勤できる範囲

■職場に求める条件
・ブランクがあっても受け入れてくれる
・子どもにトラブルがあっても理解がある職場

■年収想定
・扶養範囲内（年収１３０万円まで）

年収の概算から採用を考えてみる

年収から考えてみます。まずは1か月あたりの給与はいくらになるのか概算計算してみましょう(図表7)。

【図表7　年収の概算の計算】

【時給1，100円の場合】

時給1，100円×4時間/日×3日/週×4．3週＝56，760円
➡年間約68万円

時給1，100円×4時間/日×4日/週×4．3週＝75，680円
➡年間約90万円

【時給1，200円の場合】

時給1，200円×4時間/日×3日/週×4．3週＝61，920円
➡年間約74万円

時給1，200円×4時間/日×4日/週×4．3週＝82，560円
➡年間約99万円

【時給1，300円の場合】

時給1，300円×4時間/日×3日/週×4．3週＝67，080円
➡年間約80万円

時給1，300円×4時間/日×4日/週×4．3週＝89，440円
➡年間約107万円

なお、交通費、多少の残業代も考慮すると、もう少し現実は年収が増えます。

最近は扶養内といっても、配偶者に関しては、健康保険の扶養内（一般的には年間130万円まで）の範囲で希望される方が多いです。

以前は配偶者控除の年間103万円までの方が多かったのですが、配偶者特別控除の満額が年間150万円までと広がり、健康保険の扶養内より上回ったためです。

執筆時点では所得税に関して年間103万円から引き上げることについて、

社会保険「106万円の壁」撤廃について議論されており、働き方の希望が変わる可能性がありますのでご注意ください。

扶養内希望の方は、年収制限はあるものの、ほとんどの方がその「ギリギリ」までの収入を得たいと考えています。

したがって、先ほどの給与概算で、【時給1,100円で週3日】は年間約68万円となるため、応募しない可能性が高いといえます。

年収とペルソナの関係

時給は地域によるので一概には申し上げにくいですが、東京や大阪などはすでに1.000円台に乗っており、医療事務スタッフの時給が1,200円以上になっている医院もあります。

これらの年収モデルとペルソナから、どんな思いがあるのか読み取りましょう（図表8）。

【図表8　年収モデルとペルソナからどんな思いがあるのか】

- 正社員ではなくパート希望
- 子どもが中学生になって、塾や部活で忙しい
- 子どもの塾代の足しにしたいので、年収制限ギリギリまで働きたい
- 久しぶりの仕事で、うまくできるかな
- 家の近くで、何かあってもすぐに帰れる職場がよいな

このような思いを持っていると考えられます。

それらをふまえて、現スタッフとの時給や勤務条件などを加味して、募集条件を完成させます。実際、ある医院で、このペルソナ立てで、平日午後のみ勤務希望のパートさんが面接に来ていただき、現在まで約9年勤務してくれています。

ペルソナを立てることで、働き方の希望だけではなく、その思いや考え、何を重視しているのか、などを読むことができます。

募集媒体はいろんな種類がある

先ほどのペルソナに対してどのような募集媒体やキャッチコピーがよいのでしょうか。募集媒体にもいくつかの種類があるので、それぞれのメリット、デメリットを押さえておきましょう（図表9）。

【図表9　募集媒体概要】

媒体種類	（メリット）	（デメリット）
掲載課金型	プランが高額だと上位表示で求人が目立つ	掲載しても応募が来るとは限らない
応募課金型	応募があるまで無料	間違って応募されても費用がかかる
採用課金型	採用決定するまで無料	採用後、ある程度の費用がかかる
閲覧課金型	初期費用やその他費用が無料	応募も面接もできない場合もある
完全無料	無料で求人ができる	見つけてもらいにくい場合がある

（著者作成）

なお、種類は同じでも、どのような年代、どのような属性の方が見ているのかなど、それぞれの募集媒体会社のデータを確認しましょう。

費用だけに目が行きがちですが、どのような方が利用しているか、募集媒体会社は必ずデータを持っています。費用をかけたのに、結局ペルソナに見てもらわないと、もったいないことになるからです。

また、医療事務スタッフの場合は、医療系媒体に特化したものを見ているとは限りません。特に扶養内勤務でお仕事を探す場合は、給与、業務内容よりも、ご家庭の事情に合わせて働けるかどうかを気にしていることが多いので、いろんな職種と比較しながら探していることが多いです。

さて、お子さんがいる40代半ばの女性であれば、学校からの連絡等がアプリやLINEを活用することが多いこともあって、ほぼスマートフォンをお持ちで、スマートフォンでお仕事を探している方が多いと考えられます。

お仕事探しで公共的なものは、ハローワーク（公共職業安定所）ですが、近頃ハローワークでお仕事探しをする方は減っているように感じます。

したがって、スマートフォンなどで募集が出せる媒体がよいと考えられます。スマートフォンが普及する前は、新聞への折り込みチラシなどで求人を行うことが一般的でしたが、最近は新聞購読をするご家庭も減っています（図表10）。

【図表10　新聞購読の発行部数と普及度】

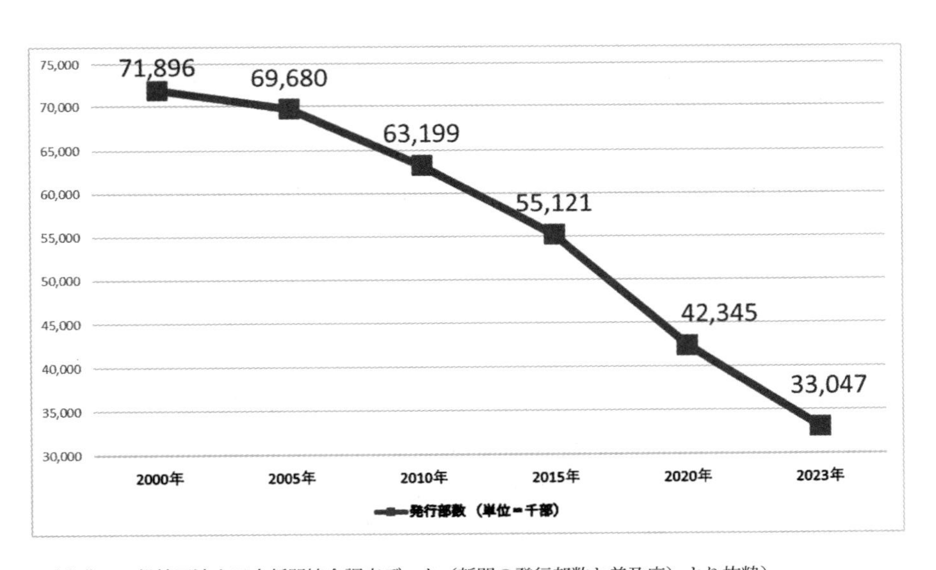

（出典：一般社団法人日本新聞協会調査データ（新聞の発行部数と普及度）より抜粋）

これらの状況から、スマートフォンやアプリで探しやすい媒体で募集することが有効と考えられます。ただ、ハローワークは求人するのも、採用が決まった後も無料なので、求人を行うのであれば、利用できるように、予め登録をしておきましょう。

ハローワークインターネットサービスを使えるようにしておけば、求人情報の修正、アップロードなどもハローワークに訪問しなくても可能なので、ぜひ使えるようにしておいてください。

募集の際には欠かせないキャッチコピーのつくり方

次にキャッチコピーですが、これはペルソナが何を気にしているか、ということに直結します。先のペルソナの例でつくってみましょう。

【図表11 ペルソナからキャッチコピー作成の例】

・正社員ではなくパート希望
・子どもが中学生になって、塾や部活で忙しい
・子どもの塾代の足しにしたいので、年収制限ギリギリまで働きたい
・久しぶりの仕事で、うまくできるかな
・家の近くで、何かあってもすぐに帰れる職場がよい

という思いのペルソナと考えられますので、上から順番に

➡「午後勤務だけで扶養内勤務可能」
➡「自転車通勤可能」
➡「ブランクある方歓迎」
➡「事務職経験活かせます」
➡「研修マニュアル完備」
➡「子育て中の方が多く在籍」
➡「急なお休みでもフォロー体制あり」

図表 11 のように、医院の雰囲気や募集条件に合わせて決めてください。

また、結婚前医療機関に少し勤務した、あるいは医療事務の資格を取ったけれども実務経験がないので面接で不採用が続いているという方も一定程度おられますので、

「あなたの医療の資格を生かせます」

「未経験歓迎」

なども有効かと思います。

ただし、募集がほしいからといって、実現不可能な美辞麗句を並べるのは、入職後のトラブルになります。また在籍しているスタッフから「私たちにはそんなことしてくれていない」など、軋轢を生むことにもなります。あくまでも医院の無理のない範囲で、医院の実情を示したものにしましょう。

経験者採用の注意点

院長先生としては経験者がほしくなるところですが、以前の職場の経験が「そのまま」すぐに自院での経験に活かせるかどうか気になるところです。

そして、ほとんどの場合は活かせません。「経験者を採用して何の教育もせずに即日活躍してほしい」というのは、確かに医院にとっては、楽だとは思いますが、そのような幻想は捨てたほうがよいと思います。

幻想と強い言葉で申し上げて大変恐縮ですが、即戦力を求めたために自院の雰囲気に合わないスタッフが入ってきて、結果、周りが全員辞めてしまったという医院もあるくらいです。

特に年度途中にスタッフ募集をかけているのに、かなり能力の高い経験者が応募してくるということは、何か事情があると考えられます。

ご家族の転居（夫の転勤、転職など）、お子さんの事情など、やむを得ない事情で退職する場合は別として、退職理由の背景をしっかりと確認しましょう。

もし自院にあった経験者だと感じても、次の点に注意したいものです。

・経験とは具体的に何か

・仕事のルール

・医院のルール

医院は在籍スタッフ人数が少なく、医院にとって１人ひとりの影響がかなり大きくなります。経験者だからといって、入職直後から優遇するのはあまり得策ではありません。

経験に対して尊重することは大切ですが、あくまでも自院のルールをまずしっかり守ってもらい、既存の先輩スタッフからの指示や伝達事項を守るように、入職研修等で伝えておきましょう。

「以前は○○だった」

「他では△△だったのに、ここはおかしい」

などの発言があったら、「意見はありがたいが、否定するのはやめてほしい」と伝えましょう。

理念が合わないスタッフは雇用するのは避けるべき

さて、理念に合わない方を避けるべきと25頁でお伝えしました。経験者であっても医院の理念、院長先生の方針に合わない方は避けるべきで、経験者であるが故に、院長先生にとって頭の痛い存在になってしまいます。

自院スタッフを見て、どのようなスタッフがほしい、というよりも、どのような考え方のスタッフを避けたいなど、採用すべきでない方の特徴、行動などを挙げておき、面接時の質問におきかえます。

「○○などが起こったときは、あなたはどのような行動をされてきましたか。話せる範囲でそのエピソードも教えてください」など、質問するだけではなく、経験に関するエピソードを聞くのも効果的です。

特に過去の経験については、時系列と反対に質問すると、嘘がつきにくくなります。面接後、回答を時系列に沿って並べたときに、ストーリー性に無理があれば、どこかで嘘をついていることになるので、正直に回答していないということがわかります。

応募者心理を読む

応募が来ない、と感じたら、応募者心理からハードルがどこにありそうかを検証しましょう。

応募者の流れを示すと、図表12のようになります。

【図表 12　応募者が面接に来るまでの流れ】

◎募集を発見する
↓
◎パソコン、スマホでホームページを探す
↓
◎友人、家族、親せきに評判を聞く
↓
◎応募のボタンを押す（複数押すことがほとんどです）
↓
◎応募に対して返事があれば、応募書類（履歴書）を作成する
↓
◎面接に履歴書持参でやってくる

以前であれば、
「医院に電話の上、ご応募ください」
「履歴書を医院まで郵送願います」
などがあったのですが、31 頁でも触れたように最近ではこの方法だと脱落することが多くなっています。

以前なら当たり前だった手法が、応募者を脱落させているかもしれない

電話に関しては、携帯電話の普及の影響で「相手が明確ではないと電話しない」ということが一般的になっています。これとは逆の話ですが「知らない電話番号の電話には出ない」ということも一般的になっていますので、医院から電話をしても出てくれないことが多くなっています。

ご自身で応募した医院の連絡先であっても、電話帳登録していなければ迷惑電話かと勘違いすることが多いです。それらの理由から、お互いまだ連絡を取り合っていない状況で、電話でやり取りするのが難しくなっています。

履歴書の郵送に関してですが、特にパート採用では、郵便代をかけたくないという理由などから、「郵送するくらいなら他を探そう」と考える人が増えてきたように思います。

「郵送してくれないなら仕事もできないだろうから、そんな人は応募しなくてよい」との考えもあるかもしれませんが、郵送してもらった後に、電話でやり取りしようと思ったけど、応募者と電話で話せず、結局他院（他社）に決まったということもあります。

また郵送を待ち続けるこちらもヤキモキしたり、普通郵便では届くまで時間がかかったりということもありますので、面接時に直接持ってきてもらうほうが早いとも考えられます。

これらの点から、今までの応募方法を見直してみるのも応募数を高める方法といえます。むやみに応募数を高めることは、あまり得策ではありませんが、応募が全く来ないのも困りものです。どこにハードルがありそうか、応募者の目線で確認をしてみてください。

ちなみに他職種ですが、会社の入り口の門から受付までが遠く、わかりにくいため、入り口の門で帰られる方が多く出た会社さんがあったそうです。

そのため面接時間近くになったら、入り口の門近くに社内スタッフを待機させて、声かけをするなどの工夫をしたそうです。

応募者さんは少しでも不安があると、面接当日に会社の目の前まで来ていても帰ってしまうことがあるということを示すエピソードです。

当日でも不安なく面接に来てもらえるように、例えば「迷ったら○○○－●●●●－●●●●（担当：■■）までお電話くださいね」などお伝えしておくのもよいかと思います。

面接方法の多様化を検討

面接方法も以前であれば対面が当たり前でした。しかし、状況に応じて面接方法の多様化も検討してはいかがでしょうか（図表13）。

【図表13　多様な面接方法の例】

- オンライン面接
- 子連れＯＫ面接
- グループワーク面接（医院オープニング向き）

など

オンライン面接は、新型コロナウイルス感染症が広がった2020年以降、多様な面接方法を取り入れる会社さんが増えました。医院ではまだそこまで導入されていないように感じますが、１次面接として活用することもありかと思います。

オンライン面接の際には、履歴書送付（あるいはメール送信）や面接時アンケートの回答を事前にお願いすることになるかと思います。

面接時アンケートは「Googleフォーム」（図表14）を利用すれば、面接時アンケートに変えることができますので、パソコン技能の確認を兼ねての医療事務スタッフの面接であれば、十分に活用する価値はあるかと思います。

面接の方法を多様化することで候補者を広げることにもなり、自院に合った人材に出会える可能性も上げるかもしれません。

【図表14　Googleフォームによる面接時アンケートの例】

調査票（受付医療事務）

あなたの勤務希望等についてのお尋ねと確認事項です.
採用や採用後の勤務に関わる重要事項ですので，よく確認の上，記載して下さい。

Not shared

* Indicates required question

1、お名前（フルネーム）を教えてください。*

Your answer

2、勤務可能、不可能な時間帯についてお尋ねします。*

	○	×
月曜日　8：30～13：30	○	○
火曜日　8：30～13：30	○	○
水曜日　8：30～13：30	○	○
木曜日　8：30～13：30	○	○
金曜日　8：30～13：30	○	○
土曜日　8：30～13：30	○	○

＊なお、勤務終了時間については、来院される患者さんの状況により異なります。*

この点はご了承の上，早退等なく勤務いただけますか。

○ 承諾する

○ 承諾しない

子どもに優しい医院だと感じて応募に来る場合もある

子連れＯＫ面接は、未就学のお子さんがおられるか、長期休暇中でお子さんを預けるところがないというご家庭に対して行ったことがあります。

ある医院で子連れ面接をしたところ、非常に人柄のよいスタッフを採用できました。

小さなお子さんがいることで面接を受けることを躊躇するくらいなら、そのハードルは無くしたほうがいいと判断したからです。

お子さんがいるから落ち着いて面接できないということはありませんし、むしろ普段からどのようにお子さんに接しているか見られるほうが、小児科や耳鼻咽喉科、歯科など、小さなお子さんが患者さんとして来られる医院にとっては、有益ではないでしょうか。

グループワークを通じて面接では見えない他の人との関わりを知る

グループワークは、主にオープニングスタッフ募集の際に、それぞれのチーム内での動きを見るために、取り入れていることが多いです。グループ面接ではなく、グループ「ワーク」です。

チームを組んである課題を与えて発表してもらうというワークを取り入れたことがありますが、その話し合いの過程で、自分の意見だけを押し通すのか、周りの意見を調整しているのか、ひたすら黙っているのかなど、「チームの中でどのような動きをするのか」という面が見えてきます。

これは通常の１対１の面接ではなかなか見えにくい点でもあり、特に「自分の意見を通すだけで、他人の意見を聞かない」人は要注意なので、その点を見定めることができます。

医院では協調性がとても大切なのですが、特にオープニングスタッフ募集では、「自分が一番」になりたい人が一定程度集まるので、その見極めに活用していただくとよいかと思います。

【コラム①】入職時研修

入職時にどのような研修を行っていますか。もしかすると、入職初日、いきなり現場に入ってもらっていませんか。

医院は在籍人数も少なく、院長先生も診療があるため、初日から仕事をしてもらわないと困るとお考えかと思います。

しかし、医院のように小規模の職場だからこそ、入職初日に医院方針、勤務ルールなど大切なことを伝えておくことが、トラブル防止になります。

初日研修に入れたい項目としては、先にも書きましたが、医院方針、勤務ルールに加えて、業務全体のイメージ、医院の組織図（院長先生の名前、リーダーなど役職者の名前、どんな部署があるかなど）もお伝えしておきます。

働き方の希望の再確認も行いましょう。また、第5章でも述べますが、身だしなみのルールは、入職後時間が経ってからは注意しにくいものですので、入職時研修で一緒に確認しましょう。

面接では本心が出なかった新人スタッフも、初日研修を受けて、どのような医院なのかを深く知ったからこそ、方針をしっかり理解してもらえる場合も、逆に医院と合わないので即日自主退職される場合もあります。

もちろん即日退職が出ないように面接でしっかり検討するのですが、それでも合わないことに納得しないまま入職される場合もあり、そのような方に長く居続けられるほうが医院にとってはマイナスになります。

また、最近は労働条件に関してのトラブルが増えています。いまは、インターネットの普及で、いろんな情報が飛び交っていますので、「ネットで調べたら、ここの医院のルールはおかしいことがわかった」など、不備を突いてくる可能性もあります。

個人で加入できるユニオン（労働組合）もあり、そこから交渉の連絡が来る可能性もあります。

法的に整備されていないことや、誤った解釈によることなどから、手間も時間もかかる対応につながってしまう可能性もあります。

このような研修は、現場を離れて行うものでOff-JT（現場を離れての研修：JTはJob Trainingの略です）と呼ばれています。上記のような研修は、現場で患者さん対応をしながらできないので、研修のための時間を確保することが大切です。

トラブル防止のためにも、ぜひ入職初日には、現場に入る前にまず研修を、ということも取り入れてみてはいかがでしょうか。

出展社による 製品・技術セミナー
Exhibitor Product/Technology Presentation
会場 4
心理の変化にあわせて
・応募から採用決定をスピーディーに…最近は採用通知
・複数の目で、応募者をみる
・現場スタッフを入れて選考するときの注意点
・扶養内希望…「扶養内」のルールの多様化
MEDICAL JAPAN
メディカル ジャパン 大阪

第２章　医療事務の具体的な業務手順とは

1　外来業務（受付）

保険情報の重要性

保険情報が重要であることは、保険医である先生にとっては言うまでもないかと思います。保険情報を正しく把握しないと、レセプト請求を行っても、情報が正しくない、として「返戻」されます。返戻になると、訂正して出し直しをする、ということだけではなく、その請求した分の入金が遅くなるということを意味します。

保険情報といっても、保険者番号、氏名、性別、本人負担割合など多くの情報があり、特に誤りが起きやすいのが「本人／家族」情報です。

デフォルト（元からの）設定が「本人」に設定されていることが多く、いろんな情報を入力した後でホッとしてしまうときに、この項目の誤りが起きやすくなっています。

2023 年 4 月にオンライン資格確認が原則義務化され、多くの医院に導入されたので、以前より保険情報の誤りに関しては、若干減少しているかと思いますが、それでも最終的にはスタッフによる確認が必要になるかと思います。今後、健康保険証の取り扱いが大きく変わっていき、マイナ保険証による受診が増えてくると、このあたりの手間が少なくなることを期待します。

ただ、どれだけＤＸ化が進んでいても、デジタル情報がすべて正しいとは限りませんし、電気を通して活用している以上、停電時の対応などにも備える必要があります（トラブルの備えについては第 5 章で述べます）。

また、マイナ保険証になると、保険証情報を直接目で確認できるわけではないので、不安な点が残るかと思います。このあたりは、もう少し国のシステムが進めば、不安も消えてくるのかもしれませんが、現時点では何とも言えないのが実情です。

いずれにしても、保険情報を確実に把握することが、医院運営にも影響することなのですが、2024 年 10 月の衆院選選挙の影響で、各党が健康保険証の取り扱いに関して様々な議論していますので、今後の流れ、見通しを見守りたいものです。

受付スタッフが医院の印象を決める

第１章でも述べましたが、受付スタッフは医院の「顔」です。院長先生の意図しないところで、医院の印象が決まっている可能性があります。

特に勤務慣れしてくると、院長先生に確認しなくても「これくらいよいだろう」と考えるスタッフも出てきます。実際に合った事例で見てみましょう。

・患者さんが多く来院していたので受付時間を勝手に早く切り上げていた
・症状を聞いて「当院では無理です」と院長先生に相談せずに断っていた

院長先生は診察室にいる関係で、受付や待合で何が起こっているのか把握しにくいことがあります。

先ほどの実例は、どちらも院長先生の判断を仰ぐべき事項だと思いますが、受付スタッフの中には、慣れてくると院長先生に確認せずに、自分の判断で進めてしまうこともあり、トラブルになっています。

そして、このことが患者さんからすれば、「院長先生の判断」と理解されます。

院長先生としては、受付時間の最後まで患者さんを受け入れたいと考えていても、受付スタッフが勝手にお断りすれば、それは「医院の判断」「院長先生の判断」でお断りされたのだと、患者さんは理解します。

症状の事例に関しても同様で、「医院の判断」「院長先生の判断」で、私は診てくれないのだと理解します。つまり、院長先生が知らないところで、「院長先生のせいで、私は今日お断りされたのだ」となってしまうのです。

院長先生の意図しないことで口コミが広がる可能性も

そして、そのことで家族や友人、知人などに「せっかく行ったのに、診てくれなかった」と口コミ、あるいはインターネット上の口コミで「受付時間終了前なのに、忙しいからか、診てくれなかった」などと書かれてしまう可能性もあります。

院長先生の意図しないこと、院長先生の考えと異なることが、勝手に１人歩きしてしまうことが非常に怖いことです。受付スタッフの対応により、それが医院の考え、医院の姿勢となってしまうことを意識して、受付スタッフの対応や所作には、十分気をつけておきたいものです。

私が患者さんとしてお邪魔した歯科医院さんの受付スタッフの話ですが、健康保険証を返すとき、私の名前を呼びながら健康保険証をピラピラさせながら持ってきました。私は怒りというより、あきれてしまいました。中には「大切な健康保険証なのに、何をしているんだ」とお怒りになる方もいると思います。

そのようなトラブルを防止するためには、１人のスタッフに受付業務を集中させるのではなく、複数人数でローテーションするなどで、お互いの業務をチェックするようにしましょう。

希望、要望をどれだけ受け取れるか

患者さんは、医師にはなかなか本音を言えないものです。ある院長先生は「患者さんは白衣を見た瞬間すべてを忘れてしまうこともある」とおっしゃっています。悪気があるのではなく、緊張してすべてを忘れてしまうのです。

そこで、受付スタッフのように、患者さんに近い立場の方が、患者さんの言いたいこと、言いにくいことを受け入れる姿勢で対応することで「実は…」と、患者さんがお話しすることもあります。

ただし、中には「医師にしか言いたくないこと」や「待合で話すのは、周りの目もあるし」ということもあると思いますので、なんでも無理に聞き出そうとせずに、柔軟に対応することが大切です。

さて、先ほどの「医院の印象を決める」も同じことですが、受付スタッフは患者さんに対して、敏感にアンテナを張ることがとても大事なポジションです。患者さんへの対応を、定型的にすることは不可能です。定型的に対応するほうが楽ですし、考えずに済むのですが、医院に来られる患者さんは日々変化しますので、定型的に対応することができない、という意味です。

例えば、ある患者さんにある話題を出したら喜んでもらえたとします。では、来院のたびに同じ話題ばかり出したら、どうでしょうか。

「この人は、私にはこの話なら、いつでも喜ぶと思っているのか」と、あきれ気味になるでしょう。

相手も人間なので、気持ちの変化も、出来事の変化もあります。症状がよくなってきたのか、あまり変わらないままなのか、などのこともあり、いつ

でも同じ話題、同じ対応でよいとはいえません。

いつもお話し好きな患者さんも、「今日は話しかけないでくれ」という気持ちのときもあります。アンテナを張り患者さんの状況に応じた声かけをすることも、患者さんが安心する対応、信頼される対応といえます。信頼されるからこそ出してくれる話もあるということをわかっておきたいものです。

患者さんはいつでも声かけしてほしいとは限らない

他職種の話で恐縮ですが、アパレル（衣服）のお店に行ったときに、最近はあまり店員さんから声かけされることがないと思います。

以前はよく「よかったら合わせてみてくださいね」「在庫があるか確認しますのでお声がけくださいね」などと店員さんから声かけがありました。「ちょっと見ているだけ」「自分の好みがあるか探しているだけ」なのに声かけされると、服が探しにくくなるとのことで、店員さんの対応も変わってきています。

だからといって、何も見ていないわけではありません。何か探してそう、あるいは店員さんに聞きたそうなお客さんがいれば、いつでも動けるようにアンテナを張っているのです。

医院では待合をウロウロ歩いて、患者さんの様子を見るわけにはいきませんが、アンテナを強く張っている受付スタッフは、受付カウンター内で、「さりげなく」患者さんの様子をよく見ています。

私も事務長として医院に勤務していたとき、最初はこのアンテナがなかなか張れず苦労しましたが、経験を積み重ねた結果、待合全体にアンテナを張れるようになったので、意識次第でアンテナの感度を高めることができると考えています。

気持ちよく待っていただく

さて、「待ち時間対策」（60頁）でも述べますが、待ち時間をできるだけ少なくして、スムーズに診療を受けていただくのは言うまでもありません。しかし、だからといって、待ち時間をゼロにしようとするあまり、スタッフが焦ってミスを連発するようでは、元も子もありません。大切なことは、待ち時間をゼロにすることではなく、「気持ちよく」待ってもらうことです。

予約システムの活用、キッズルームの新設などが多くの医院で取り入れられました。10年くらい前までは、雑誌、本なども置いている医院が多く、私が在籍していた医院でも、毎月予算を確保して、どのような雑誌、本を購入するか、など患者さんの特性に合わせて、決めていたくらいです。

しかし、新型コロナウイルス感染症の影響で、多くの人の手が触れている可能性のある雑誌、本は医院から撤去されることも多くなりました。

最近はスマートフォンも普及し、待ち時間はスマートフォンを見て過ごしている患者さんも多くなっているので、待合に置いている雑誌や本を読んでいる患者さんの姿は少なくなりました。

ただ、そのような患者さんでも、診察の順番は気になりますので、気持ちよく待ってもらう方法は検討する必要はあるかと思います。

スタッフの先回りの気持ちで、患者さんの気持ちは穏やかになる

スタッフの声かけにより、気持ちよく待っていただくことも大切です。

患者さんに対して常に重要なことは「先に伝えたら説明、後で伝えたら言い訳」になることです。

院内が混みあってきて、待ち時間が長くなりそうな状況のときに、来院したタイミングで、「今日は少し混みあっていて、予約の方でも○分くらい待ち時間が発生しています」、「お待たせする時間が長くなるかもしれません」、「お時間大丈夫ですか」と声かけすることも、気持ちよく待っていただくのに必要なことです。

実際、私が勤務していた医院で、受付スタッフがこのように声かけしていたので、１日３００人以上来院することもある医院でしたが、待ち時間に関するお叱りは、ほぼありませんでした。

「気持ちよく待つ」という点では電話での問い合わせも同様で、電話は相手の顔、状況などが見えないため、待ち時間がより長く感じる傾向にあります。内容的に院長先生に確認しないと返答できないこともあると思いますが、診療中のため、診療の合間でないと確認できないことが一般的かと思います。

その際、電話を受けたスタッフは一旦保留にしても「待たせている」とい

う意識が強くなり、より焦ってしまう傾向にあります。どうしても言葉だけのやり取りになるので「少々お待ちください」の「少々」がどれくらいなのか、お互いの考えている時間に食い違いが出て、保留を終えた瞬間「いつまで待たせたら気が済むのだ」とお叱りを受けることもあります。

電話対応にも一定の工夫が必要ですが、詳しくは第５章で述べたいと思います。

2　外来業務（会計）

お金のことはトラブルになりやすい

当然かもしれませんが、お金のことはトラブルになりやすいです。

私たちもお客さんとして訪れた飲食店などで、お会計の金額が合わなければ、あるいは思ったより高額であれば、当然トラブルになります。

医療機関では支払う金額について「高いから安くしろ」と要求されることは、他業種に比べて少ないとは思いますが、診療報酬改定時や新たに施設基準を算定したときなど、「今までと同じことをしてもらったのに、高くなっているのはなぜか」と聞かれることはあり得ます。

特に診療報酬に関する明細書も発行している医院がほとんどかと思いますので、細かく見ている患者さんは、この内容について質問することもあるでしょう。

そのため医師会に加入している院長先生には、診療報酬改定の際に「診療報酬改定により、窓口で負担する金額に変更があります」という主旨のポスターが届くかと思います。先ほど、混みあってきたら、待ち時間が長くなりそうと「先に説明」することが大切とお伝えしましたが、費用負担に関しても同じです。

ここでも先回りすることでトラブル防止になる

他にも、次回来院時に胃カメラをする、抜歯をする、レントゲンを撮影する、などの予定がわかっていれば、だいたいこれくらいかかります、という声かけもできると思います。「院長先生に言われて検査を受けること自体は理解したけど、じゃあいくらくらいするのかな」と思っている患者さんも多く、そのことを院長先生にはなかなか聞けません。

だからといって、会計時に「検査はいくらするの」と聞くのも、お金がないみたいで恥ずかしいし、聞きにくいと考えているのが患者さん心理です。患者さんがご自身で何となくこれくらいかな、と持ってきたのに、足りないときの患者さんの気持ちを考えると、次回の検査来院確認しながら、「次回は検査があるので、○○円くらいかかることが多いので、少し余裕を持ってご用意くださいね」など、スタッフから声かけしてもらうのも、トラブルを防ぐことになります。

お釣り間違いは何もよいことを生み出さない

最後に、会計時のトラブルで多い事例が「おつり間違い」です。どうしてもお互い人間同士のことなので、勘違いや誤りが起きやすいところでもあります。ただ、この間違いはその場ではほぼ気づきません。気づくのは、診療後に売上締め処理を行ったときです。

レジを置いている医院では、レジロールと日計表を照らし合わせて、レジの打ち間違いなのか、ある患者さんにおつりを返し間違えたか、などを調べています。レジがない医院では、日計表を見て、あわない金額から考えられることを読み解くこともあります。

最近は、自動釣銭機や自動精算機を導入する医院が増えてきたので、このような間違いは減るかもしれませんが、それでも「人が入力すること＝ミスが発生する可能性がある」との意識は持ったほうがよいかと思います。

以上、お金に関しては様々なトラブルがありますが、トラブルが発生したスタッフを責めるのではなく、なぜそのトラブルが発生したか、次に繰り返さないためにどんな仕組みが必要かを考える機会にしてください（「気を付けます」「もうしません」「ダブルチェックします」だけでは問題解決にならないからです）。

会計スタッフが再来の妨げになることもある

会計スタッフは、医院の中で患者さんに最後に会うスタッフになりますので、医院の印象を決めることになります。
　ある医師によると「検査を行うとき､最後に痛みがあると､その記憶が残っていて、検査がつらい印象で終わってしまう。痛みが出る検査は、検査の途中で痛みが出るようにして、最後は穏やかに終わるようにしている」とのことで、私たちは、出来事の最後につらいことがあると、それが全体の印象に感じてしまうようです。
　つまり、受付や診察、検査などをスムーズに受けられても、医院の最後、つまり会計での印象が、医院全体の印象を決めてしまうということになります。
　患者さんが帰り際に、「もうこんなところ来るか」という捨て台詞を吐いたとしても、それは決して間違いではなさそうです。それだけ嫌な印象を与えてしまったということです。
　いくらよい先生に出会えたと思っていても、医院の最後で台無しにすることもあるのです。患者さんを神扱いする必要はありませんが、患者さんに気持ちよく来院していただくと同時に、気持ちよく帰っていただくのも大切なことだと意識したいものです。

会計までの時間を短くする

　診察、検査などがすべて終了すると、患者さんは会計待ち、という状態になります。診療科目によっては、会計と併せて次回予約を行うことがあるかと思いますが、患者さんにとっては非常に長い時間に感じることでもあります。診察を受けるまでの時間も気になりますが、診察後お会計までの時間はもっと気になるものです。
　会計までの時間を短くするためには、どこで時間がかかっているかの現状把握から始めましょう。
　特に診察が終わってすぐに待合へ患者さんが戻られる場合は、カルテもすぐに会計スタッフに回ってきたり、電子カルテ上で診察終了がついたり、と会計にすぐ入れるために忘れないことが多いのですが、診察の後に検査などがあり、会計までに間が空く場合に、会計が遅くなる傾向にあります。
　それとはまったく関係なく、会計まで 30 分以上待たせてしまって、患者さんからクレームがあった例もあります。

会計待ちを放置しないためには、

・すべて終了した患者さんカルテの置き場決め（紙カルテ）

・すべて終了した順にソート（分類）できるように目でわかるようにする（電子カルテ）

このような対策が考えられます。

自立するカルテファイルであれば、上下に積むのではなく、左右に並べるということで会計の順番がわかるようにしている医院さんもありますが、カルテを戻しに来る看護師さんが間違って置いていくこともあるので、完璧にミスを防げるものではありませんが、一定の目安にはなっているようです。

整理整頓でオペレーションも改善する

電子カルテを導入していても予防接種などの問診票などが飛び交う小児科、婦人科などは、特にこのあたりの整理整頓が重要になります。これらは自立しないため、左右に並べることが難しいからです。

実例として、ある小児科さんで「会計待ちの時間が長いようで、患者さんからクレームが出ているので現状を見に来てほしい」との依頼で、外来診療中の様子を見に行きました。

そこでは、予防接種の接種済証が、無造作に置かれていて、置き場も決まっておらず、看護師さんが上から重ねて置いておく状況でした。

忙しくないときは、会計スタッフは下から取って、診察券を返す準備をしてと落ち着いて行動していたのですが、忙しくなると、あるいは何かの仕事が入る（例えば電話対応など会計しながらということであったりと、医院ではよくあることです）と、それまで処理途中だった患者さんの接種済証を横に置いてしまってそのまま気づくのが遅くなり、結果会計をお呼びするのに時間がかかるという事例でした。

医院では物を置く場所も限られていますので、「未会計」「処理中」「会計済」など、複数の箱やファイルボックスを用意したとしても、あまり実情にあわないことが多いです。クリアホルダーを用意して、自立できるようにして左右に並べていくなど、会計回りを整理整頓するということだけでも改善されます。クリアホルダーも、院内に保存が必要なものでなければ、一般のクリアホルダーで活用できますので、医療用のカルテホルダーでなくても大丈夫です。

もし院内に保管が必要な用紙があるのであれば、診察券番号のタグが付けられる医療用のカルテファイルでないと、探しにくいので、医院の状況によりご判断ください。

次回来院予約のスムーズな対応のために

診療科目によっては毎回予約の医院もありますし、検査や注射の予約など、状況は医院によって様々かと思います。院内オペレーションを考えたときに、どこで予約を取るのがスムーズなのかを考え、診療の終わりに医師と決めるのか、会計時にスタッフと決めるのかを決めましょう。

「予約の調整なんて医師の仕事じゃない」とお考えの院長先生も一部いらっしゃるようですが、診療内容により、次の来院目安が決まるかと思いますので、スタッフも患者さんも次回いつにしたらいいのかわからず、会計時に予約を取ろうにも、また診療の合間で院長先生に次回の目安を確認して、それから予約を取るとなると、手間も時間もかかります。

それなら「次回は○週間後に」「薬が切れる前に」「薬を飲み切って改善されたら、来院不要」など、具体的な日程は、会計時に決めるとしても、次回来院の目安を伝えるだけでも予約に関する手間が減ります。

ある耳鼻咽喉科の院長先生が「次回来院の目安を伝えるだけでも、患者さんがすごく喜んでくれるんだ。次はどうしたらいいか、というのは患者さんがわからないので、きちんと伝えてあげることが重要なんだよ」とおっしゃっています。会計スタッフに予約を任せる場合は、このような連携も大切かと思います。

なぜ予約がキャンセルされてしまうのか

さて、予約のキャンセル率の把握はされていますでしょうか。予約を取っているのに、キャンセルが多いとなると、どこかに問題がある可能性があります。患者さんのスケジュールを無視しているか、診療の必要性を納得してもらっていないかなどです。

お子さんの多い診療科目は、お子さんの体調不良で当日キャンセル、ということもある程度あるかと思いますが、歯科など予約前提の診療科目では、キャンセル率について意識しておきましょう。

どのような理由でキャンセルが発生しているのかを把握することで、予約の進め方やリマインド（明日来院ですというお知らせなど「思い出させる」という意味です）をかけることも必要になるかもしれません。

ただ、リマインドなどは人の手で行うと、かなり負担がかかるので、予約システムから自動的にお知らせが行くような形だと医院でも活用できるかもしれません。患者さん単価が高いところでは、コストに見合うかもしれないので、例えば美容整形外科など自費メインの医院では、スタッフが１人ひとり確認しているところもあるようです。

用意している材料などの関係もあるかと思いますので、大きな検査やインプラントなどの手術など、ドタキャンされたら材料費などが無駄になってしまう可能性がある予約だけでも、前日などに体調の確認も含めて、ご連絡するのもよいかもしれません。

その際、予約を取るときに、「前日に体調確認のためにご連絡する場合があります。医院の電話番号を登録しておいてくださいね」と伝えておけば、スムーズになるかと思います。

3　待合、院内掲示

待ち時間対策

待ち時間は、医療機関の永遠の課題とよく言われます。ありがたいことに患者さんが増えれば、それだけ待ち時間が発生することでもあり、多くの患者さんにお越しいただいている証拠ともいえます。

とはいえ「うちは患者さんが多いから､待ち時間が長くても文句を言うな」と患者さんに言うわけにはいきません。診療科目にもよりますが、待ち時間といっても、どこで時間がかかっているのか把握することが大切です（図表15)。他院への通院切り替えを防ぐためにも、何らかの対策をしましょう。

【図表 15　どこで時間がかかっているのか】

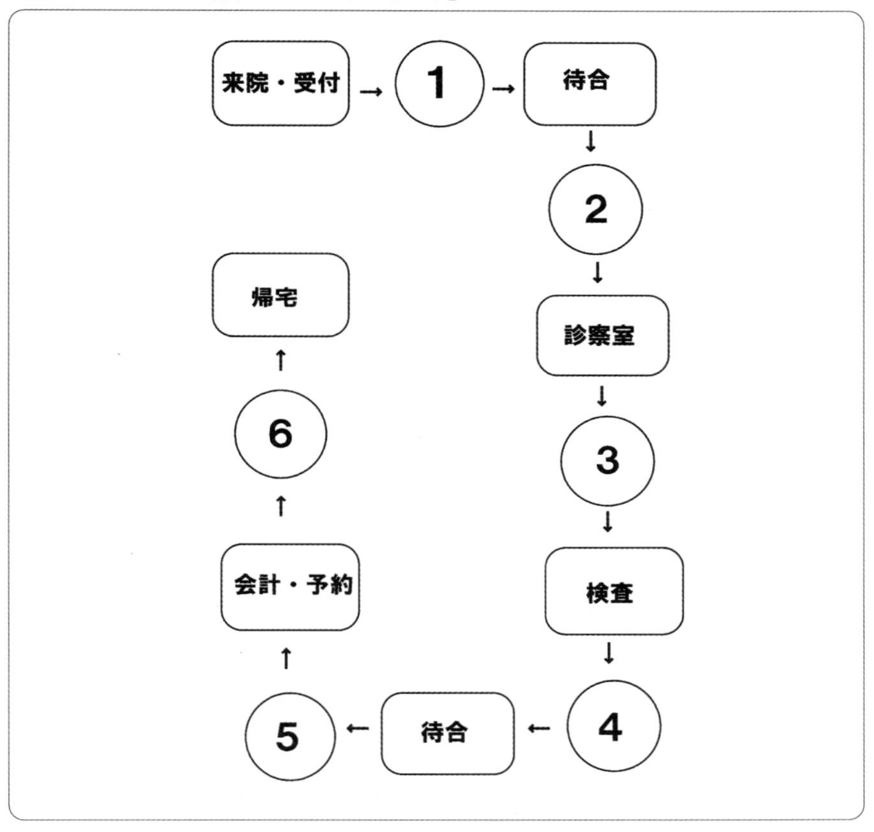

患者さんが来院されてから、医院を出るまででも、これだけのインターバルがあり、そこに待ち時間が発生する可能性があります。一般的に待ち時間というと、②を思い浮かべますが、先ほども述べたように図表 15 の⑤の時間が長くなる場合もあります。

患者さんは待つことが嫌なのではなく先が見えないのが嫌

ただし、全般を通して、まず理解しておくべきことは、患者さんは待つのが嫌なのではなく、「どれだけ待つかが見えない」のが嫌なのです。（患者さんによっては、本当に待つことそのものが嫌な方がいますが、医院で工夫するにしても、待ち時間はゼロにはできないですので、ご理解いただくしかありません)。

診察室に呼ばれるまでの時間はもちろんそうですが、診察後に検査に回ったときも、あまりに時間がかかると「まだなのかな」「自分のこと忘れられているのではないだろうか」などと不安になります。

検査が混みあっているときも「前に○人の方が待っておられるので、○分くらいかかるかもしれません。お待たせして申し訳ございません」と先にお伝えしておくと、スタッフも「待たせてしまっている」と焦る気持ちが減少します。

患者さんは「自分のこと忘れられているのでは」と思うと、先が見えない不安に駆られます。一度声かけした患者さんにも、検査までの時間がかかっているときには、改めて声かけすることも必要かもしれません。

ちなみに誰でも声かけできるように、検査票や検査札を渡して、何の検査で待っているのか、わかるようにしている医院さんがあります。「不安そうだな」とスタッフが感じたら、「どの検査でお待ちですか。状況を確認してきます」と、検査札で検査内容とお名前を確認して、お伝えするようにしています。

検査までの誘導が終わったあと患者さんを放置していないか

図表 15 の④の検査については、意外に感じるかもしれませんが、ここで時間がかかるとすれば、検査後の誘導ミスによるものです。

初めて来られた患者さんは、医院の流れがわかりませんので、検査が終わった後どこに行けばいいのか、何か説明があるのか、どこで待っておけばよいのかがわからず、検査前に座っていたところでずっと待っていた、ということも起こりえるのです。

検査を施行したスタッフが、検査終了後に「これで検査終了ですので、待合でお会計をお待ちください。お疲れ様でした」などの声かけをすることで防げます。

「これで検査終了です。お疲れ様でした」だけだと、患者さんは次にどうしたらいいのか、わからないのです。院内スタッフにとっては気づきにくいかもしれませんが、常に患者さんが初めて来られた、という観点を忘れずに、医院での誘導を適切に行うことを忘れないようにしたいものです。

さて、院長先生の医院では、どこに待ち時間が発生していそうでしょうか。

院内掲示（義務）

医院には掲示「義務」があるものがあります。具体的には図表１６から図表 19 のとおりです。掲示内容は、診療所としての義務、療養担当規則によるものと、施設基準としての義務があるものと、３種類があります。前者２つは保健所、後者は厚生局が管轄になります。

⑴ 診療日、診療時間、管理医師、従事医師

⑵ 個人情報取り扱いについて

⑶ 療養担当規則等、又は掲示義務のある施設基準に関して

もし掲示していないものがあれば、すぐに院内に掲示を行いましょう。掲示場所に関しては「患者さんの見やすい場所に」との定めがありますので、院内掲示の場所を決めておきましょう。いずれも決まったフォーマットはありませんが、⑴は図表 16、⑵は図表 17、⑶は図表 18 で、それぞれの掲示例をお示しします。

【図表１６　診療日等の掲示】

医療法人●●　●●医院

◆診療日及び診療時間◆

	月	火	水	木	金	土
午前診 9:00～12:30	○	○	○	△ 第１・第３ 9:00～12:30	○	○ 9:00～14:00
午後診 14:30～18:30	○	○	○	—	○	—

休診日：日曜、祝日、第２・第４・第５木曜午前、木曜午後、土曜午後

◆管理医師◆　●●●●

◆従事医師◆　●●●●、●●●●、●●●●

（著者作成）

【図表17　個人情報の取扱いについて】

個人情報保護方針（プライバシーポリシー）

当院は信頼の医療に向けて、患者さんに良い医療を受けていただけるよう日々努力を重ねております。「患者さんの個人情報」につきましても適切に保護し管理することが非常に重要であると考えております。そのために当院では、以下の個人情報保護方針を定め確実な履行に努めます。

1．個人情報の収集について

当院が患者さんの個人情報を収集する場合、診療および患者さんの医療にかかわる範囲で行います。その他の目的に個人情報を利用する場合は利用目的を、あらかじめお知らせし、ご了解を得た上で実施いたします。ウエブサイトで個人情報を必要とする場合も同様にいたします。

2．個人情報の利用および提供について

当院は、患者さんの個人情報の利用につきましては以下の場合を除き、本来の利用目的の範囲を超えて使用いたしません。

◎ 患者さんの了解を得た場合 ◎ 個人を識別あるいは特定できない状態に加工[1]して利用する場合 ◎ 法令等により提供を要求された場合　当院は、法令の定める場合等を除き、患者さんの許可なく、その情報を第３者[2]に提供いたしません。

3．個人情報の適正管理について

当院は、患者さんの個人情報について、正確かつ最新の状態に保ち、患者さんの個人情報の漏えい、紛失、破壊、改ざん又は患者さんの個人情報への不正なアクセスを防止することに努めます。

4．個人情報の確認・修正等について

当院は、患者さんの個人情報について患者さんが開示を求められた場合には、遅滞なく内容を確認し、当院の「患者情報の提供等に関する指針」に従って対応いたします。また、内容が事実でない等の理由で訂正を求められた場合も、調査し適切に対応いたします。

5．問い合わせの窓口

当院の個人情報保護方針に関してのご質問や患者さんの個人情報のお問い合わせは下記の窓口でお受けいたします。「個人情報保護相談窓口」担当：院長

6．法令の遵守と個人情報保護の仕組みの改善

当院は、個人情報の保護に関する日本の法令、その他の規範を遵守するとともに、上記の各項目の見直し を適宜行い、個人情報保護の仕組みの継続的な改善を図ります。

令和●年●月●日　●●クリニック院長 ●●　●●

1 単に個人の名前などの情報のみを消し去ることで匿名化するのではなく、あらゆる方法をもってしても情報主体を特定できない状態にされていること。

2 第３者とは、情報主体および受領者（事業者）以外をいい、本来の利用目的に該当しない、または情報主体によりその個人情報の利用の同意を得られていない団体または個人をさす。※ この方針は、患者さんのみならず、当院の職員および当院と関係のあるすべての個人情報についても上記と同様に取扱います

（著者作成）

【図表18　掲示義務のある施設基準の掲示例】

長期処方・リフィル処方せんについて
当院からのお知らせ

当院では患者さんの状態に応じ、

・ **28日以上の長期の処方を行うこと**

・ **リフィル処方せんを発行すること**

のいずれの対応も可能です。

※　なお、長期処方やリフィル処方せんの交付が
対応可能かは病状に応じて担当医が判断致します。

（出典：https://www.mhlw.go.jp/content/001270048.pdf より一部抜粋）

【図表19 診療チェアモニタによる掲示例】

（出典：https://www.jda.or.jp/my-number/ およびhttps://www.mhlw.go.jp/stf/index_16745.html をもとに著者作成）

なお、診療報酬改定で、施設基準により掲示義務が発生しているものがありますので、改めて確認をしましょう。掲示義務があるかどうかの確認は、最新の施設基準に関する内容で確認することができます。詳しくは、第３章でお伝えします。

院内掲示（任意）

その他、院内で掲示義務がなくても、患者さんのお知らせのために掲示していることがあるかと思います。

最近は、医院であれば待合で大きなモニターに、歯科医院であれば診療チェアのモニターにお知らせすることも増えています。私もある医院さんのリクエストで、診療チェアのモニターに、患者さんへのお知らせをしたいとのことで、作成いたしました（前頁の図表 19 参照）。

これは、Microsoft PowerPoint® で作成したスライドですが、特に決まったソフトはありません。Microsoft PowerPoint® で作成したデータは、自動で切り替えができること、写真の挿入や動画の自動再生も可能なので、待合に大きなモニターがあり、情報を流したい場合にも活用できるかと思います。

Microsoft PowerPoint® によるお知らせ作成のポイント

・画面切り替えを「自動」にする

スライドを自動的に次へ進めるための機能です。「画面切り替え」メニューで、右側に「画面切り替えのタイミング」があります。

【図表 20　画面切り替えメニュー】

これが「☑ クリック時」となっていれば、そのチェックを外して、その下の「自動」にチェックを入れてください。「自動」の右にある時間は、自動切り替えするまでの時間を設定できます。

スライド内容にもよりますが、１スライドあたり 15 秒から 20 秒くらいでよいかと思います（全部のスライドにそれぞれ設定してください）。

全部のスライドの画面切り替えが自動になったら、放置していてもスライドが進んで、紙芝居のようになります。

スライドショーの設定

全部のスライドが自動で切り替えできるようになったら、次はループ再生の設定をしましょう（図表 21）。

この設定がないと、最後のスライドが終わったあと、真っ暗な画面になって「最後のスライドです」と出て、止まってしまいます。

そこで「スライドショー」メニューで左から 4 つ目に「スライドショーの設定」があります。

左上の「種類」ですが「発表者として使用する（フルスクリーン表示）」を選んで、その下の「オプション」を「Esc キーが押されるまで繰り返す」にチェックを入れてください。

【図表 21　スライドショーメニュー>スライドショーの設定】

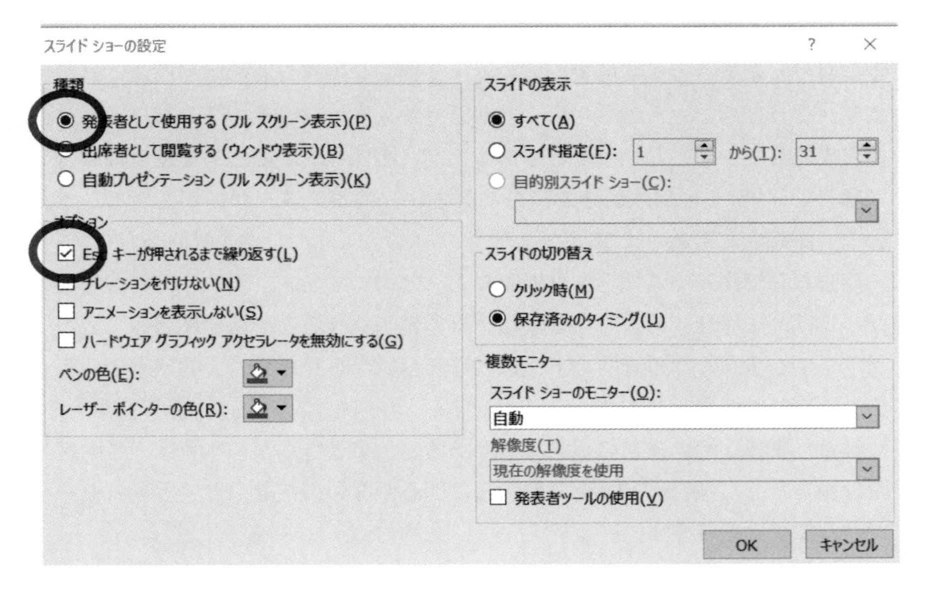

このように設定すると、紙芝居にようにスライドが自動で動く上に、最後のスライドまで進んだあと、また最初に戻ってループ再生することができます。

なお、スライドを途中で止めて、全画面表示を終了するためには、画面上で「右クリック」をして、一番下の「スライドショーの終了」を選べば、スライドの全画面表示は停止できます。

院内掲示物は期限を決めて掲出する

院内掲示板などでポスターなどを掲示する場合があるかと思いますが、紙の掲示物は特に整理整頓を心がけましょう。

掲示内容でグループ化するなど工夫をしないと、どこにどんなお知らせがあるのかわかりづらくなり、患者さんが掲示物の存在を気にしなくなります。掲示物が壁と一体化して、「掲示しているのに伝わらない」ということになります。また、古い掲示物、破れている、汚れている掲示物が残ったまま、という医院さんもあります。

掲示物にも期限がありますので、掲示を行った際に、ポスターの端に「○年○月○日まで」と小さく書いておくと、期限を過ぎたものは遠慮なく外せます。そうでないと、外していいのかどうかスタッフが迷ってしまって、そのままにしている、ということもあります（国保など期限がある健康保険証に関して、「新しい保険証をお持ちください」のポスターが何年も変わっていない医院さんもありました）。

期限なしで掲示する場合も「期限なし」と書いておき、破れや汚れがないか、定期的に確認するようにしましょう。忙しくなると、待合に出ることがどうしても少なくなりますので、患者さん目線から見た受付、診察室ということを忘れがちになります。

破れたまま、汚いままのポスターがあると、患者さんからすれば「この医院は適当だな」「院長先生は、この内容に関心がないのだな」というメッセージとして受け取ります。

掲示物１つにしても、スタッフと連携して、常に気をつけるようにしましょう。

【コラム②】カルテはどこだ

ある医院さんでの問題、それはカルテ探しに時間がかかることでした。検査が多いこの医院さんでは、電子カルテと紙カルテの併用でしたが、紙カルテの検索に時間がかかり、診療の準備ができている院長先生、診察を受ける準備ができている患者さん。

でもカルテがないために、診察室にお呼びすることができず、診察を行うまで時間がかかってしまうという問題です。

この事例は、どこの医院でも起こりえる問題ではないでしょうか。

カルテ探しに時間がかかる理由は、カルテを収納するときに起因します。つまり、「どのようなルールでカルテを収納しているか」ということです。でも、カルテ収納にルールなんてあるのかと疑問に思われたのではないでしょうか。

私がいろんな医院さんにお邪魔して、カルテ検索に時間がかかる方法は、次の２つによるものです。

・名前順（五十音順）
・健康保険順

名前順は、五十音順に並べて保管しているものです。名前ですぐに出せるので便利のように感じますが、その順番を決めるときに誤りが発生しやすいです。

例えば、
「まえだじろう」
「はまだしろう」
「まえだたろう」を並べてみてください。

いかがでしょうか。正解は、「はまだじろう」「まえだじろう」「まえだたろう」です。正解された院長先生には、当たり前に思えるかもしれませんが、「は」行と「ま」行、どちらが先だったか誤るスタッフがいます。

また、まえだの後の「じ」と「た」で、濁っているから「じ」が後だと考えることもあるのです。

五十音順のルールでは、【清音→濁音→半濁音】の順なので、「は」であれば【は→ば→ぱ】の順番です。

したがって、「じ」と「た」で考えれば【…し→じ→す→ず→せ→ぜ→そ→ぞ→た→だ…】となるので、「じ」が先になります。

ここまで説明していて、ひっくり返すようで申し訳ありませんが、収納するときに、「どっちが先だっけ」と考えるようでは、時間がもったいないです。

しかも、名字が変更になると収納場所も変更、外国人の方が来られたらどの順にするかなど、もう大混乱です。

一方、健康保険順というのは、社保本人、社保家族、国保本人、国保家族と分けている例です。おそらくレセプト業務との連動なのだと考えられますが、これまた探すのが大変です。

健康保険証を提示されたら、その記載を見て、どの保険種別か確認してカルテを探すかと思いますが、月２回目以降来院で健康保険証の提示がない場合は、どうされているのでしょうか。

また、当然健康保険が変更になれば、収納する場所も変わりますし、でも何かの思い込みで、以前まで収納していた場所に収納することもゼロではないかと思います。ましてや、マイナ保険証が主流になると、オンライン資格確認で情報を確認するようになり、手間と時間がよりかかるようになります。

いずれの方法も収納する際に考える時間がかかるため、変更の可能性があるたびに、収納場所の変更が起こります。そのために、カルテがあるはずの場所にない場合も発生するのです。

一番おすすめは、診察券番号による収納です。名字の変更があろうが、外国人の方であろうが、健康保険の変更があろうが、変わることのないものだからです。

現代の私たちは検索だらけといっても過言ではありません。インターネットを開けば、まずはポータルサイト（Google などの検索サイト）で店舗や情報などを調べることが多くなっています。ある調査によると、探し物に使う時間は年間で 150 時間もあるそうです。

ただ、いくら検索の時代とはいえ、カルテや検査結果用紙など患者さんについてのことで探し物をすることは、すべて何らかの待ち時間につながることを意識し、カルテ収納や整理整頓を心がけることが大切です。

具体的な運用については、第４章でお伝えしたいと思います。

第３章　患者管理と
診療報酬請求事務

1　診療報酬請求の基本

診療報酬請求（レセプト）とは

本書で何度もお伝えしていますが、診療報酬請求業務、いわゆるレセプト業務は、医院にとって重要な業務となります。ここで改めて、診療報酬の仕組みを理解しておきましょう（図表22）。

【図表22　診療報酬の流れ全体図】

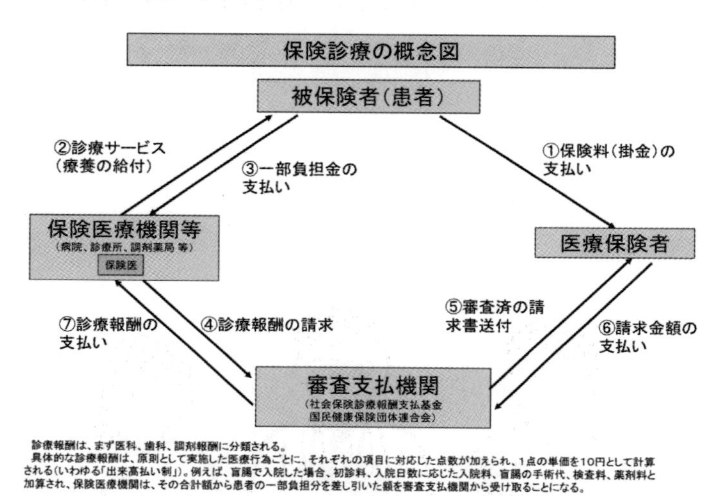

（出典：https://www.mhlw.go.jp/bunya/iryouhoken/iryouhoken01/dl/01b.pdf より抜粋）

図表22の仕組みは、病院と変わることはないので、すでにご存じの院長先生も多いかと思いますが、重要なことですので、復習と思っていただけたらと思います。

この中で特に重要なことは、医院から審査機関（社保：社会保険診療報酬支払基金○○支部、国保：○○県（都・道・府）国民健康保険団体連合会）にレセプト請求をした後、必ず「審査」があるという点です。「審査」機関なので、出せば終わりではないということです。開院時に保険診療を行うにあたり、ルールブックをもらったかと思います。そして、新規開院から約6

か月後、「新規個別指導」を受けた院長先生もおられるかと思います。

レセプト請求を行うにもルールがあり、都道府県ごとにローカルルールも存在します。なので、他府県の先輩の院長先生に確認しても、自院ではレセプトが通らないこともあるので、注意が必要です。

また「突合点検」や「縦覧点検」（102頁参照）の観点から、審査に通らないことがありますので、場当たり的な処置、投薬をしていると、査定されてしまいますので、こちらも注意が必要です。

返戻と査定

レセプトの内容に不備があり、医院への差戻しを「返戻」といいます。健康保険証の記号・番号の誤り、本人／家族の誤り、点数の誤り、診察内容と病名の不一致、説明不足などの理由です。事務手続上の誤りについては「返戻」になると解釈してください。したがって、例えば健康保険証の番号「1つでも」誤りがあったら返戻されます。

返戻されたレセプトは、不備の修正を行い、再請求を行うことができます。請求期限は6か月となっていますので、早いうちに修正点を直して、再提出しましょう。

レセプトの内容について、保険診療ルール上不適当だと判断されて、減額または減点されることを「査定」といいます。こちらは原則として再請求することができないので、そのまま医院としての収入減につながります。

ただ、査定内容に納得がいかない場合は、原則6か月以内であれば、再審査の申し立てが可能です。

査定に関しては、単なるミスではなく、保険診療のルール上での誤りなので、医師としては必要と思って行った診療行為が審査機関や保険者からすれば、不要、あるいは誤っている、不適当だと判断されたと解釈してください。

ちなみに、査定に関して再審査を行うと、結果が「原審どおり（査定したままという意味です）」「一部復活（一部に関して点数が付きます）」「復活（点数付きます）」で返ってきます。再審査の申し立てを行ったとしても「原審どおり」だと、点数は減点されたままなので、申し立てをしても無駄だったと考えるかもしれません。

しかし、これは医院として「必要な診察だった」ということを示すことになりますので、少しでも納得いかない内容であれば、ぜひ再審査をするようにおすすめします。

審査する方も人間なので、再審査が全くないと「誤った診察をしている医院で、その自覚があるのだな」と認識してしまい、今後の審査がより厳しくなる、ということも考えられるからです。

院長先生がカルテ記載に対して普段から意識を高める

日本の保険診療は、「病気＝診断」を行い、「処置」、「病気を疑う（疑い病名）」から「検査」、そしてその結果で「投薬」という流れが、患者さんのためになっているから保険診療で診ることができるのです。

この点は、院長先生にとっては釈迦に説法かとは存じますが、これをレセプト請求上に反映されていかないと、審査には通らないということになります。

何が言いたいのかと申しますと、レセプト請求の査定でよくあることの１つが、「病名抜け」です。院長先生は患者さんにきちんと診察を行い、病気の診断を下して、患者さんに丁寧に説明しているかと思います。

しかし、どれだけ丁寧に説明したところで、レセプト上で病名が入力されていないと、「病気がないのに処置をした」と解釈されてしまいますので、査定されてしまうということです。

その他にも、次のことなどが査定されるケースです。

- 急性病名が長い期間残っている、あるいは転帰が不明
- 疑い病名が多い
- 不要な処置がある
- 併算定不可なものがある
- 診療ルール上不適当な算定（例：外来迅速検体検査加算の項目数が５項目以上）

審査内容は変化することもローカルルールがあることも

ただ、時代の流れとともに必要と判断され、以前はレセプトが通らなかっ

たのに、最近は通るようになった、などの変化が起こることもあります。

以前、私が在籍していた医院では、入職当初のＣＴ検査においてコメントをつけないと通らず、コメントでその必要性を伝えることで、検査が認められたという例もあります。

逆に以前は通っていたのに、今月は通らなかったということもあるようで、どうも審査機関のほうで毎月テーマを決めて、そのテーマの内容について今月は厳しくチェックしよう、ということもあるようです。

さらに、オンライン請求（98頁参照）する医院が増えて、多くの医院がデータで請求ができるようになったのはレセプト請求の提出日に余裕ができたなどのメリットもあるのですが、審査機関にとっては査定内容を選び出すのに、データ上のほうが拾いやすく、審査チェックをしやすくなっているという点もあるようです。

このことについては、データで狙い撃ちをしているわけではないと審査機関は否定しますし、オンライン請求が始まったときも、査定には利用しないのでと言っていたのですが、現実は、審査に使っているものと思われます。

しかし、今後の流れとしては、オンライン請求が原則義務化されたので、レセプト請求を意識して、自院でしっかりと取り組んでいくのがよいかと思います。

医院でレセプト業務を行う体制

レセプト業務は、医療事務スタッフだけで取り組むのではなく、院長先生を責任者としてのチームづくりを行ってください。実質的な担当は、医療事務スタッフでよいのですが、医院からの請求者は、院長先生となります（社保、国保への保険医療機関届を提出した際も、請求者は院長先生で、院長先生名義の銀行口座に入金依頼を記載しているはずです）。

たとえ頼りになる現場リーダーがいたとしても、返戻や査定が多かったり、ミスが多かったりということで、現場リーダーに責任を問うようなことはしてはいけません。返戻、ミスがあっても叱るなということではなく、次に繰り返さないためにどうするかについて提起することは重要なことです。

だからといって「院長先生がチェックするので、私たちはある程度で大丈夫」というのも違います。

医療事務スタッフのお仕事の醍醐味は、このレセプト業務であると言っても過言ではありません。それだけ大きなお仕事であり、重要なお仕事であるということです。しかし、最近は責任を負う仕事を嫌がる方が増えており、レセプト業務に関して、どのような体制を組むか、ということが重要になっています。

例えば、医療事務スタッフが全員パート職員である場合、どうすればいいのかということですが、毎月ごとに２名ずつくらいでレセプト業務担当を決めて、順々に経験できるようにすることです。

レセプト業務といっても、通常の診療入力が何よりも大切なので、パート職員であっても、会計業務は担当するでしょうから、その延長線上にあるものとなります（ただし同一労働同一賃金の観点から、責任の重みの差はつけてください)。

パート職員の中には責任が重いため、担当したくないと考えるスタッフもいるかもしれませんが、この点は、採用の際に「未経験でもレセプト業務を徐々に担当する」ということで、全くレセプト業務を担当したくないスタッフは、そもそも採用しない、ということも必要かもしれません。

責任を持ってもらうのは大切だが、業務は分担して

また、医院の場合は、正社員が１名、あとはパート職員ということもありえるかと思います。その場合は、正社員は相談役として、日頃の診療に対してのチェックに回り、レセプト業務は、パート職員のみの医院と同様、毎月担当制にしていく、ということで、それぞれが自分事に考えるようになれば、医院全体のレベルアップとなります。

「正社員が全部やってくれるだろう」ということにならないようにするためでもありますし、正社員がいないとレセプト業務ができないというのは、正社員がけがや病気で長期休暇になってしまったらと考えると、リスクが高すぎます。

いずれにしても、月末月初のレセプト業務はもちろん大切ですが、日々の診療において、きっちりカルテ入力することで、レセプト業務の精度は高ま

ることはもちろん、例えば、診療時にある加算点数を算定できておらず、レセプトチェックの際に、算定漏れに気がついたとします。

このような場合、院長先生は、次回来院時に患者さんに追加請求しますか。追加請求しても問題はありませんが、おそらく多くの院長先生が「こちらのミスだし、追加請求はしないでおこう」とレセプト請求には入れますが、患者さんからは一部負担金は請求しない、としているのではないでしょうか。

「医療費の7割から8割、9割は審査機関から入るので、患者さんともめることを考えれば、こちらのミスだから」という考えですが、やはり医院の収入が減ってしまうわけなので、診療時にきちんと算定することで、医院の収入を確保していくことも経営者としては意識してほしいところです。

レセプト業務は、医院の経営に直結する、ということを再度お伝えしておきます。

レセプト業務のポイント①：業務スケジュール管理

レセプト業務のポイントは図表23のとおりです。

【図表23　レセプト業務のポイント】

①：業務スケジュール管理
②：通常診療の記録、入力
③：院長先生とのコミュニケーション

まずは、①：業務スケジュール管理です。

レセプト業務は、毎日できるものではなく、決まった日で行うので、スケジュール管理が大切です。レセプトは患者さんごと、月ごとにまとめて請求するわけですから、月が変わらないと請求業務が開始できません。しかし、請求提出締め切りは、基本毎月10日になっているわけなので、レセプト業務は毎月1日から10日に集中して行うことになります。

とはいえ、土日祝などの関係や、レセプト業務を行う準備を月末にするなど、毎月状況が変わるかと思います。そこで予め、月ごとのスケジュールを決めておくことが重要になります。

せっかくレセプト業務を仕上げたのに、提出日に間にあわないことになると、医院収入に大きな影響がある場合もあるからです。特に開院して間もない場合は、この点注意したいものです。

レセプト業務のポイント②：通常診療の記録、入力

続いて②：通常診療の記録、入力ですが、レセプト業務は、日常診療の積み重ねで、実際に診療した分を請求するわけなので、当然といえば当然なのですが、どうしてもレセプト業務、というのが大きすぎて、日常のことを忘れてしまいがちになります。

院長先生の中には、通常診療したものが、そのままレセプト業務なのだから、特別に月初にチェックせずに、そのまま提出するという方針の方もおられるくらいです。この事例は少し極端かもしれませんが、日々の入力を大事にすることがレセプト業務の精度を上げることにもつながります。

どうしても院内スタッフだけで難しい場合は、レセプト業務の専門家に支援をしてもらって、日常の診療時やレセプト業務のときに、スタッフ育成も含めてお願いすることは、自院にとってもプラスになるかと思います。

日頃からの意識を高く持つということで、例えば、患者さんの診療時には病名などが掲載されるわけではないので、病名が抜けていても会計には影響しません。しかし、レセプト請求時に病名が抜けていると、これは確実に査定になってしまいます。

また、管理料や迅速加算など、その場で算定しないと、算定漏れ、つまり収入減につながることもあるので、レセプトチェックすればよいというわけではない、ということになります。

レセプト業務のポイント③：院長先生とのコミュニケーション

最後に③：院内先生とのコミュニケーションですが、特に処置等に関して査定されてきたものに対して、どのように再審査請求をするか、院内としての対策は何か、などはスタッフだけでは判断できないものです。

医療的に必要と院長先生が判断しても、審査側で医学的に必要性が認められないとして、調整されることもあります。そのまま取り下げで受け入れる

【図表 24　再審査・取下げ請求書（大阪府国保の例）】

【再審査・取下げ請求書】

令和　　年　　月　　日 作成

大阪府国民健康保険診療報酬審査委員会
大阪府国民健康保険団体連合会　行

保険医療機関等名称

〔 請求種別 〕
- □ 再審査　請求
- □ 再審査（特別審査分）　請求
- □ 取下げ　請求

電話番号
担当者　　　　内線（　　　）

点数表	1. 医　3. 歯　4. 調　6. 訪	保険医療機関等コード		診療年月	年　月	レセプトの請求点数（金額）	点(円)
保険者番号		患者漢字氏名					
(証)記号		患者カナ氏名					
(証) 番号 後期被保険者番号		枝番		生年月日	2. 大　3. 昭　4. 平　5. 令　年　月　日生	入外	1. 入院　2. 外来

取下げ請求			
	レセプトの請求年月　年　月	処方箋発行医療機関コード	
	□ 1：記載事項不備のため ※1	□ 2：傷病名等記載不備のため ※1	□ 3：医薬品・診療項目等の記載不備のため ※1
	□ 4：資格関係、請求手続きの誤りのため	□ 5：労災保険への請求先変更のため	□ 6：自賠責保険への請求先変更のため
	□ 7：公費負担医療との併用に変更のため	※1 減点箇所に係る病名もれ等の変更の場合は、再審査請求となります。	

再審査請求				
	通知書の種類	□ 増減点・返戻通知書　□ 過誤・再審査結果通知書	通知書の作成日	年　月　日 作成分 ※2
	診療科		突合審査分 調剤薬局コード ※3	
	□ 記載等不備（病名もれ等）による再審査請求 ※4		処方箋発行医療機関コード	

	減点／減額	箇所	事由	減点内容（6項目以上の記入が必要な場合は、様式1に必要事項を記入のうえ添付してください。）
1				
2				
3				
4				
5				

請求理由（詳細に記入してください。）

※2　再審査請求については、通知書の到着より6か月以内にご提出ください。毎月10日締め切りです。11日以降の到着分は翌月扱いとなります。
※3　突合の再審査請求の場合、調剤薬局コードを必ず記入してください。
※4　再審査請求において、記載等不備（病名もれ等）による減点の場合は、請求理由欄に
①病名　②診療開始日　③診療内容（診断根拠を示すもの）④症状（状態）を診療録・検査データ等に基づき具体的に記入してください。
記入がない場合や内容に正当性が認められない場合等取扱できない場合があります。

（出典：https://www.osakakokuhoren.jp/upload/index_hk/saisin/saitori060801.pdf）

のか、再審査請求として、文面で再度その必要性を伝えていくのか、というのは院長先生の判断になります（図表 24)。

なお、以前は「面談」という方法もあったのですが、現在はなくなりました。院長先生の考えを直接伝えるため、ということで、私が勤務していた医院の院長先生も何度か面談を希望して、「自分の考えを伝えてくる」と審査機関まで出向いていました。

話を戻しますが、文面で自分の考えを伝えることは、なかなか難しいことです。だからと言って、このまま必要なしと言われても…というのが院長先生のお気持ちかと思います。ぜひスタッフと協力して、一緒に取り組んでください。そして、その文面は残しておいて、自院の財産としてください。

どのような文面で再審査請求をして、どうなったかという結果は、今後にも生かせることになるからです。

2　病院と医院とは異なる診療報酬

診療報酬をよく読む

診療報酬は、ご存じのとおり 2 年に一度改定されますが、どこまでじっくりお読みになったことはありますでしょうか。電子カルテは当然診療報酬改定時にアップデートされていて、自動計算してくれるし、そこまで意識したことはないです、という院長先生もおられるかもしれません。もちろん一言一句、診療報酬の文面を記憶してください、ということではありません。

どんなことが書いてあるのを、少し意識を向けるだけも、日常の診療が変わる可能性もあります。

2024 年の診療報酬の改定時には、YouTube を利用した厚生労働省からの説明動画も多く配信されました。医療事務スタッフだけではなく、院長先生もうまく情報収集を行っていきましょう。

では、「初診」について、診療報酬ではどのように定められているか、確認してみましょう。２０２４年の診療報酬「初診」については、図表 25、26、27 のように記載されています。

【図表 25　初診についての記載（2024 年診療報酬）】

Ａ０００ 初診料 291 点

注１保険医療機関において初診を行った場合に算定する。ただし、別に厚生労働大臣が定める施設基準に適合しているものとして地方厚生局長等に届け出た保険医療機関において、情報通信機器を用いた初診を行った場合には、253 点を算定する。

注２病院である保険医療機関（特定機能病院（医療法（昭和 23 年法律第 205 号）第４条の２第１項に規定する特定機能病院をいう。以下この表において同じ。）、地域医療支援病院（同法第４条第１項に規定する地域医療支援病院をいう。以下この表において同じ。）（同法第７条第２項第５号に規定する一般病床（以下「一般病床」という。）の数が 200 未満であるものを除く。）及び外来機能報告対象病院等（同法第 30 条の 18 の２第１項に規定する外来機能報告対象病院等をいう。以下この表において同じ。）（同法第30条の 18 の４第１項第２号の規定に基づき、同法第 30 条の 18 の２第１項第１号の厚生労働省令で定める外来医療を提供する基幹的な病院として都道府県が公表したものに限り、一般病床の数が 200 未満であるものを除く。）に限る。）であって、初診の患者に占める他の病院又は診療所等からの文書による紹介があるものの割合等が低いものにおいて、別に厚生労働大臣が定める患者に対して初診を行った場合には、注１本文の規定にかかわらず、216 点（注１のただし書に規定する場合にあっては、188 点）を算定する。

（以下、略）

（出典：令和６年度診療報酬改定について　第３(2)1「診療報酬の算定方法の一部を改正する告示」令和６年厚生労働省告示第 57 号）

【図表 26　初診・再診に関する通則（2024 年診療報酬）】

＜通則＞

１ 同一の保険医療機関（医科歯科併設の保険医療機関（歯科診療及び歯科診療以外の診療を併せて行う保険医療機関をいう。以下同じ。）を除く）において、２以上の傷病に罹っている患者について、それぞれの傷病につき同時に初診又は再診を行った場合においても、初診料又は再診料（外来診療料を含む）は１回に限り算定するものであること。同一の保険医療機関において、２人以上の保険医（２以上の診療科にわたる場合も含む）が初診又は再診を行った場合においても、同様であること。ただし、初診料の「注５」のただし書に規定する同一保険医療機関において、同一日に他の傷病について、新たに別の医療法施行令第３条の２第１項及び第２項に規定する診療科を初診として受診した場合並びに再診料の「注３」及び外来診療料の「注５」に規定する同一保険医療機関において、同一日に他の傷病で別の診療科を再診として受診した場合の２つ目の診療科については、この限りでない。

２初診又は再診が行われた同一日であるか否かにかかわらず、当該初診又は再診に附随する一連の行為とみなされる次に掲げる場合には、これらに要する費用は当該初診料又は再診料若しくは外来診療料に含まれ、別に再診料又は外来診療料は算定できない。

ア 初診時又は再診時に行った検査、画像診断の結果のみを聞きに来た場合

イ 往診等の後に薬剤のみを取りに来た場合

ウ 初診又は再診の際検査、画像診断、手術等の必要を認めたが、一旦帰宅し、後刻又は後日検査、画像診断、手術等を受けに来た場合

３医科歯科併設の保険医療機関において、医科診療に属する診療科に係る傷病につき入院中の患者が歯又は口腔の疾患のために歯科において初診若しくは再診を受けた場合、又は歯科診療に係る傷病につき入院中の患者が他の傷病により医科診療に属する診療科において初診若しくは再診を受けた場合等、医科診療と歯科診療の両者にまたがる場合は、それぞれの診療科において初診料又は再診料(外来診療料を含む。)を算定することができる。ただし、同一の傷病又は互いに関連のある傷病により、医科と歯科を併せて受診した場合には、主たる診療科においてのみ初診料又は再診料（外来診療料を含む。）を算定する。

４医療法（昭和 23 年法律第 205 号）に規定する病床に入院（当該入院についてその理由等は問わない。）している期間中にあっては、再診料（外来診療料を含む。）（ただし、再診料の注５及び注６に規定する加算並びに

外来診療料の注８及び注９に規定する加算を除く。）は算定できない。また、入院中の患者が当該入院の原因となった傷病につき、診療を受けた診療科以外の診療科で、入院の原因となった傷病以外の傷病につき再診を受けた場合においても、再診料（外来診療料を含む。）は算定できない。なお、この場合において、再診料（外来診療料を含む。）（ただし、再診料の注５及び注６に規定する加算並びに外来診療料の注８及び注９に規定する加算を除く。）以外の検査、治療等の費用の請求については、診療報酬明細書は入院用を用いること。

（以下、略）

（出典：令和６年度診療報酬改定について　第３(2)2「診療報酬の算定方法の一部を改正する告示」令和６年厚生労働省告示第 262 号）

【図表 27　初診に関する通知（2024 年診療報酬）】

Ａ０００ 初診料

（１）特に初診料が算定できない旨の規定がある場合を除き、患者の傷病について医学的に初診といわれる診療行為があった場合に、初診料を算定する。なお、同一の保険医が別の医療機関において、同一の患者について診療を行った場合は、最初に診療を行った医療機関において初診料を算定する。

（２）「注１」のただし書に規定する情報通信機器を用いた診療については、以下のアからキまでの取扱いとする。

ア　厚生労働省「オンライン診療の適切な実施に関する指針」（以下「オンライン指針」という）に沿って情報通信機器を用いた診療を行った場合に算定する。なお、この場 合において、診療内容、診療日及び診療時間等の要点を診療録に記載すること。

イ　情報通信機器を用いた診療は、原則として、保険医療機関に所属する保険医が保険医 療機関内で実施すること。なお、保険医療機関外で情報通信機器を用いた診療を実施する場合であっても、オンライン指針に沿った適切な診療が行われるものであり、情報通信機器を用いた診療を実施した場所については、事後的に確認可能な場所であること。

ウ　情報通信機器を用いた診療を行う保険医療機関について、患者の急変時等の緊急時には、原則として、当該保険医療機関が必要な対応を行うこと。ただし、夜間や休日など、当該保険医療機関がやむを得ず対応できない場合については、患者が速やかに受診できる医療機関において対面診療を行えるよう、事前に受診可能な医療機関を患者に説明した上で、以下の内容について、診療録に記載しておくこと。（イ）当該患者に「かかりつけの医師」がいる場合には、当該医師が所属する医療機関名（ロ）当該患者に「かかりつけの医師」がいない場合には、対面診療により診療できない理由、適切な医療機関としての紹介先の医療機関名、紹介方法及び患者の同意

エ　オンライン指針において、「対面診療を適切に組み合わせて行うことが求められる」とされていることから、保険医療機関においては、対面診療を提供できる体制を有すること。また、「オンライン診療を行った医師自身では対応困難な疾患・病態の患者や緊急性がある場合については、オンライン診療を行った医師がより適切な医療機関に自ら連絡して紹介することが求められる」とされていることから、患者の状況によって対応することが困難な場合には、ほかの医療機関と連携して対応できる体制を有すること。

オ　情報通信機器を用いた診療を行う際には、オンライン指針に沿って診療を行い、オンライン指針において示されている一般社団法人日本医学会連合が作成した「オンライン診療の初診に適さない症状」等を踏まえ、当該診療がオンライン指針に沿った適切な診療であることを診療録及び診療報酬明細書の摘要欄に記載すること。また、処方を行う際には、オンライン指針に沿って処方を行い、一般社団法人日本医学会連合が作成した「オンライン診療の初診での投与について十分な検討が必要な薬剤」等の関係学会が定める診療ガイドラインを踏まえ、当該処方がオンライン指針に沿った適切な処方であることを診療録及び診療報酬明細書の摘要欄に記載すること。

カ　情報通信機器を用いた診療を行う際は、予約に基づく診察による特別の料金の徴収はできない。

キ　情報通信機器を用いた診療を行う際の情報通信機器の運用に要する費用については、療養の給付と直接関係ないサービス等の費用として別途徴収

できる。
（以下、略）

（出典：令和６年度診療報酬改定について　第３(2)3「診療報酬の算定方法の一部改正に伴う実施上の留意事項について（通知）　令和６年３月５日保医発 0305 第４号）

診療報酬の読み方が重要

以上、厚生労働省サイトの「令和６年度診療報酬改定について」（https://www.mhlw.go.jp/stf/seisakunitsuite/bunya/0000188411_00045.html）より一部を抜粋しました。

さて、初診に関する告示の一部を見ていただきましたが、大切なことはその読み方です。告示内に何度も「別に厚生労働大臣が定める基準」とあるので、ではその「基準」は何なのかということを通則や通知で辿ったり、自院ではどれが算定できるのかということであったりを確認しましょうということです。

電子カルテを導入していれば、電子カルテベンダーから情報提供があることもありますが、診療内容や検査によっての算定などの施設基準については、自分たちで情報収集しないといけないこともありますので、完全にお任せするのではなく、アンテナを張るようにしておきたいものです。

医院としては点数の上下が気になるところでもありますが、仮に点数が下がっていたとしても、どこかに抗議して点数が上がるわけでもありませんので、収益計算のシミュレーションを行い、売上が下がることが見込まれた場合、どのように売上を立てていくか、ということに活用しましょう。

病院では算定できるが、医院では算定できないこともある

診療報酬は文章が長くて読みにくい面もあるのですが、主語がとても大切です。例えば、図表 25 の初診料の注１の冒頭が「保険医療機関において」となっているので、初診料に関しては病院でも医院でも算定できるもの、と読むことができます。

一方、初診料の注２の冒頭が「病院である保険医療機関」となっているので、医院では注２は適用されない、ということになります。

なお、病床について触れていますが、有床診療所も病床はあるものの、「診

療所」つまり「医院」なので、病床はありますが、この注２は適用されません。（ただし、この注２は病院であってもその後条件が長く書いており、病院でも全部が対象ではないということです）これは後述する施設基準についても同様です。病院では算定できていたものが、医院では算定できないということもありますので、疑問に思ったら、詳しい医療事務スタッフに確認するか、厚生労働省のサイト、書籍などで確認するようにしましょう。書籍であれば、例えば、

「医科診療報酬点数表」（社会保険研究所）
「歯科診療報酬点数表」（社会保険研究所）
「医科点数表の解釈」（社会保険研究所）
「歯科点数表の解釈」（社会保険研究所）
「診療点数早見表」（医学通信社）

などがあります。その他も参考図書はありますので、自院にあったものをお選びください。医療事務スタッフが調べるときにも活用できますので、可能であれば医院で備えてあげると医療事務スタッフも喜ぶかと思います。

診療報酬に強いスタッフを育成する

以上の点から、例えば病院でレセプト経験があるという場合でも、医院では即戦力にならない可能性もあります。診療報酬の基本的な点は理解していても、この点は注意したいところです。

病院勤務の際、一緒に働いていた医療事務スタッフが、開業する際に転職してもらったのに戦力にならない、あるいは院長先生と合わないことがよくあります。それはこのような点からの理由も考えられます。

医療機関や診療科目が違えば、診療報酬の捉え方や重要な点などが、多少は異なってきます。医院や院長先生のカラーにもよるかもしれませんが、レセプト請求が安定している医院のスタッフは、素直で勉強好きな方が多いように思います。資格を取って終わりではなく、資格を取ったのがスタートと考え、何かうまくいかないことがあっても、「深刻」ではなく「真剣」に考えられる方です。常に勉強し続ける姿勢を持ったスタッフと一緒にお仕事している院長先生は、診療に集中できて、何か問題が起こったとしても、落ち

着いて対応できているように感じます。

医療事務スタッフが、レセプト請求という重要な業務を安心して行うためには、院長先生との信頼関係が大切です。信頼関係は、ちょっとした日頃の労いから生まれます。「今日も大変でしたね」「いつもありがとう」などの声かけを行いましょう。いずれにしても、自院で育てていくという視点が大切です。

3　算定はすべて自動化できるとは限らない

レセコンから電子カルテへ

電子カルテは、その利便性から、医院での導入は年々増えております（図表 28)。

【図表 28　電子カルテ導入の割合（歯科医院除く一般診療所）】

	一般診療所
平成20年（2008年）	14.7%
平成23年（2011年）	21.2%
平成26年（2014年）	35.0%
平成29年（2017年）	41.6%
令和2年（2020年）	49.9%

(出典：https://www.mhlw.go.jp/content/10800000/000938782.pdf をもとに著者作成)

平成 20 年に 14.7％だった普及率が、12 年後の令和 2 年には、49.9％と約 3.4 倍になっています。現在、おそらく普及率は 50％を超えているものと考えられます。

普及率が上がっている理由として、紙カルテに比べて書き間違い、読み間違い、転記間違いが格段に減ることと、会計までの時間短縮ができることで、医院にとっても、患者さんにとっても大きなメリットがあります。

歯科医院については、レセコン入力は、歯科医師が直接入力することが多いでしょうから、電子カルテの導入は、医科の医院に比べて少ないかもしれません。

ただ、新規開院時に導入することと比べて、今まで紙カルテだった医院が、「電子カルテを導入するには、費用面もさることながら、今までのカルテをどうするのか」という観点などから、導入するのに躊躇されているのかもしれません。

また、院長先生は電子カルテ導入に前向きでも、紙カルテに慣れてきたスタッフに反対されて、導入が進まないという相談を受けた事例もあります。

新しいシステムや方法の導入に関しては、スタッフが反対することはよくある話です。

人は基本的に変化を嫌う生き物です。

もちろん経営者である院長先生が決定すれば、それが決定事項なので、最終的は導入できなくもないですが、業務時間の短縮、残業時間の短縮、患者さん待ち時間の短縮などのメリットや、一から覚え直さないといけない手間や今までと異なる手順を組むことなど、スタッフからすればデメリットもあるので、デメリットをどのように解消しようと考えているかを丁寧にスタッフに説明していきましょう。

もしかしたら変化についていけないかも、そしたら辞めないといけないのでは、と不安になるのが大きいかもしれません。

少し話がそれましたが、電子カルテを導入すれば、すべて解決するわけではありませんが、便利な文房具の1つとして導入することによるメリットを考えて、前向きに考えてもよいかと思います。

電子カルテベンダーとの交渉

とはいえ、電子カルテを導入したからといって、そのまま便利なのかというと、自院に合わせたカスタマイズ（既存のものを使いやすいようにつくり変えていくこと）することが重要です。

カスタマイズして、自院に合った電子カルテにするためには、ベンダーと常に良好な関係づくりをしておくことが大切です。

どんな電子カルテであってもサポート体制があるかと思いますが、日常のお困り事はサポートセンターに問い合わせるにしても、診療をスムーズに行うために工夫を依頼したり、相談したり、ということを重ねて、自院オリジナルの電子カルテにしていくことは可能です。

そのためには、電子カルテシステムが、どこまでカスタマイズ可能なものかどうかを予め確認することも重要です。

電子カルテなどの大きなシステムを導入する際には、必ず比較検討を行うかと思います（医院に来てプレゼンする業者さんがほとんどです）。

比較検討の際に、次のことなどをピックアップしておき、すべての業者さんに質問してください。

■必ずやりたいこと・そのシステムの機能・利用方法
■できればやりたいこと・そのシステムの機能・利用方法
■避けたいこと・そのシステムの機能・利用方法

「こんなことできるわけがない」と思えることでも、少しワガママなくらいの方が、「○○は無理でも、△△という近い方法がありますが、いかがでしょうか」という反応もあるかと思います。

お互い患者さんのことを考えて、少しでもよいものにしたいから、ということでいろいろと要求することは特に悪いことではありません。

ベンダーもできないことを「できる」ということはないでしょう（と信じたいです）から、システムが悪いのではなく、自院にあわないものだったというだけのことです。ここは経営者である院長先生としては、譲れないところだと考えて、粘り強く交渉してください。

カスタマイズの例ですが、レセプト請求のポイントでもお伝えしましたが、医師の入力で抜けがちなのが病名です。

そこである処置を入力したら、病名が候補で出るように（セット組みと言うことが多いです）できないかとか、病名と処方名のチェックができるようにならないかなどのことです。

電子カルテのよいところは、電子的にチェックできたり、忘れがちなことをリマインドできたりすることです。

自院に、院長先生に合ったカスタマイズをしていきましょう。

最後は人の手、人の目で

しかし、最後は人の手、人の目で、が大切になります。いくら電子カルテを利用していて、パソコンで修正がしやすくなったとはいえ、人間が入力ミスをすると、ミスのまま請求するので、結局は返戻や査定になります。

電子カルテベンダーと何度も打ち合わせをして、カスタマイズしても、何か見落としであったり、初めて気づいたケースであったり、ということも起こります。電子カルテもトライアンドエラーの連続です。特に開院して間もないとき、電子カルテを導入して間もないときは、やってみないとわからない、ということも多々起きます。何度もカスタマイズを重ねて、手間を減らして、ミスも減らすように、どうすればいいかを、追求し続けてください。

4　施設基準とは

施設基準とは

施設基準とは「人員、設備等について、ある一定の基準を満たした」医療機関に対して、算定ができるもの、ということです。その基準は算定できる項目によって決められています。では、具体的に見ていきます。

診療報酬は、基本診療料と特掲診療料があります。基本診療料は、初診や再診、入院時に行われる基本的な診療行為に対する報酬です。それに対して、特掲診療料は、基本的な診療行為とは別に、特別な診療行為に対して個別的な評価を行っているものです。

例えば、基本診療料を確認すると、1つ目は情報通信機器を用いた診療、つまりオンライン診療についての定めがあります。

基本診療料の例：オンライン診療についての施設基準を見る

オンライン診療についての施設基準を見ると、図表29のとおりです。

【図表29　オンライン診療について施設基準】

第1情報通信機器を用いた診療

1 情報通信機器を用いた診療に係る施設基準

（1）情報通信機器を用いた診療を行うにつき十分な体制が整備されている

ものとして、以下のア～エを満たすこと。
ア 保険医療機関外で診療を実施することがあらかじめ想定される場合においては、実施場所が厚生労働省「オンライン診療の適切な実施に関する指針」（以下「オンライン指針」という。）に該当しており、事後的に確認が可能であること。
イ 対面診療を適切に組み合わせて行うことが求められていることを踏まえて、対面診療を提供できる体制を有すること。
ウ 患者の状況によって当該保険医療機関において対面診療を提供することが困難な場合に、他の保険医療機関と連携して対応できること。
エ 情報通信機器を用いた診療の初診において向精神薬の処方は行わないことを当該保険医療機関のホームページ等に掲示していること。
(2) オンライン指針に沿って診療を行う体制を有する保険医療機関であること。
2 届出に関する事項
(1) 情報通信機器を用いた診療に係る施設基準に係る届出は、別添7の様式1を用いること。
(2) 毎年8月において、前年度における情報通信機器を用いた診療実施状況及び診療の
件数について、別添7の様式1の2により届け出ること。

(出典：厚生労働省　基本診療料の施設基準等及びその届出に関する手続きの取扱いについて（通知）（令和6年3月5日保医発0305第5号）より抜粋)

オンライン診療は、備品を購入しただけでは始められない

図表29の1については、オンライン診療を行うための施設基準が記載しており、この基準を満たしていないとオンライン診療に関する点数を取ることも、オンライン診療を行うこともできません。

つまりオンライン診療できるパソコンなどを用意するだけでは、施設基準を満たしているとは言えないということです。

2については、届出が必要な施設基準なのか、毎年報告が必要なのか、という定めが記載されています。オンライン診療に関しては、【届出必要】【定例報告必要】と読むことができます。

これは、1の施設基準を満たしていても、届出していなければ算定することができない、そして毎年報告が必要です、ということです。（様式についても指示があり、厚生局サイトからダウンロードできます。）

このようなルールが診療報酬改定の度に出されています。ただ、全部を一から読む、というより、大きなトピックスに関しては、厚生労働省から、1月ごろから情報提供がなされ、3月上旬には点数と合わせて、全体像がわかる流れになっています。最近は、動画サイトであるYouTubeを利用して厚生労働省も発信しています。

２０２４年の改定では、「ベースアップ評価料」が新設され、多くの医院で話題沸騰となりましたが、その際もYouTubeで動画配信され、多くの院長先生が視聴していました。それだけ施設基準が医院にとって大切であると言えるかと思います。

新規で施設基準を届出するには締め切りがある

なお、新規で施設基準を算定したい場合で届出が必要な場合は、毎月1日に管轄厚生局に「必着」となっています。

例えば2024年12月から算定したい施設基準があるときは、2024年12月1日必着です。普通郵便でも届出は可能ですが、最近は到着まで時間がかかることもあり、基本的には余裕をもって、前月下旬くらいまでに提出するようにしましょう。

また、様式も定められていますので、様式の確認も予め必要です。記載する内容に過去の実績（内容にもよりますが直近1か月の実績が主で、施設基準によって異なります）の記載や、検査機器であれば医療機器承認番号の記載が必要なこともあります（承認番号はインターネットで調べられます）。

締め切り直前になって記載しようにも情報が足りず、算定が1か月遅れるということもありますので、いずれにしても早いうちに準備をしましょう。

特掲診療料の例：生活習慣病管理料を見る

さて、特掲診療料でも施設基準の例を見てみましょう。2024年の改定で話題になった「生活習慣病管理料」は図表30のとおりです。

【図表 30　生活習慣病管理料】

第６の９ 生活習慣病管理料（Ⅰ）及び（Ⅱ）
１ 生活習慣病管理料（Ⅰ）の注１及び生活習慣病管理料（Ⅱ）の注１に関する施設基準
（1）生活習慣に関する総合的な治療管理ができる体制を有していること。なお、治療計画に基づく総合的な治療管理は、歯科医師、看護師、薬剤師、管理栄養士等の多職種と連携して実施することが望ましい。
（2）患者の状態に応じ、28 日以上の長期の投薬を行うこと又はリフィル処方箋を交付することについて、当該対応が可能であることを当該保険医療機関の見やすい場所に掲示（筆者：下線部）すること。
（以下、２から４は略）
５ 届出に関する事項
生活習慣病管理料（Ⅰ）の注４及び生活習慣病管理料（Ⅱ）の注４の施設基準に係る届出については、次のとおり。なお、生活習慣病管理料（Ⅰ）の注１及び生活習慣病管理料（Ⅱ）の注１の施設基準については、当該基準を満たしていればよく、特に地方厚生（支）局長に対して、届出を行う必要はない。
（以下、略）

（出典：厚生労働省　特掲診療料の施設基準等及びその届出に関する手続きの取扱いについて（通知）（令和６年３月５日保医発 0305 第６号）より抜粋）

施設基準は疑義解釈の確認も重要になる

今回の改定で、内科医院で算定していた「特定疾患療養管理料」から、生活習慣病に関する病名がいくつか外れ、「生活習慣病管理料」の算定になった施設基準です。療養計画書の患者さんの署名や、診療報酬の実質マイナスとなったことで、多くの院長先生から嘆きの声が聞こえてきました。

算定にあたっては、届出の必要はない、とありますので、特定の様式を使用しての届出をしなくても算定できるということになります。

なお、施設基準に関しては、「疑義解釈」についても注意深く見ておきたいものです。疑義解釈とは字のごとく、「疑いのあるものに対しての解釈」ということで、これも診療報酬改定のときは、何個も出されるものです。

今回であれば、先ほどの「生活習慣病管理料」の中で（筆者：下線部）を入れました「患者の状態に応じ、28 日以上の長期の投薬を行うこと又はリフィル処方箋を交付することについて、当該対応が可能であることを当該保険医療機関の見やすい場所に掲示」ですが、疑義解釈（その1）で、図表31のように示されました。

【図表 31　疑義解釈（その1）】

> 問 144 地域包括診療加算、地域包括診療料、生活習慣病管理料（Ⅰ）、生活習慣病管理料（Ⅱ）の施設基準において、「患者の状態に応じ、28 日以上の長期の投薬を行うこと又はリフィル処方箋を交付することについて、当該対応が可能であること。」について、院内の見やすい場所に掲示していることが求められているが、具体的にどのような内容を掲示すればよいか。
> （筆者：下線部）
> ＝＝＝＝＝＝＝＝＝＝＝＝＝＝＝＝＝＝＝
> （答）当該保険医療機関において、患者の状態に応じ、
> ・28 日以上の長期の投薬が可能であること
> ・リフィル処方箋を交付すること
> のいずれの対応も可能であることを掲示すること。なお、具体的な掲示内容としてはポスターを活用しても差し支えない。
> （筆者：下線部）

（出典：厚生労働省 疑義解釈資料の送付について（その1）（令和6年3月 28 日事務連絡）より抜粋）

さて、どこが重要か気づかれたでしょうか。施設基準では「又は」となっていたものが、疑義解釈では「いずれも」と変更されていたのです。それまではどこにも「いずれも」との表現はなく、疑義解釈で初めて示されました。

このようなことに気づかず「どちらか行えばいいのだ」と思っていたら、解釈変更で知らないうちに変わっていた、ということもありえるのです。

この施設基準に限らず、これはどういう意味だろうか、こんな場合は基準を満たすのだろうか、と思ったときは、疑義解釈を確認する、あるいは改定時期では、サイトから疑義について問い合わせをする、ということになります。以前は、疑義があるときは、すべて FAX での質問だったのですが、現在は「疑義照会フォーム」があるので、そちらから送信することになります。以前は、電話で質問しようとして、「FAX で」とガチャ切りされたこともあ

りました。

ちなみに2022年度診療報酬改定の疑義解釈はその65（2024年3月29日事務連絡）まで出ています。

施設基準は医院の収入に大きく影響する

施設基準は、基準を満たした施設にのみ付与される加算点数になるので、これも当然収入につながるので、医院の経営に大きく影響します。大切なことは、次の2点です。

⑴ 現時点で算定できるものはしっかり算定する

⑵ もう少し基準を上げれば算定できそうなものがないか意識する

⑴については、すでに行っている検査や機器導入などで算定できるものがあれば、悩むことなく算定しましょうということです（検査機器を購入することも費用がかかっているので、その分の評価なのですから、しっかり算定しましょう）。

⑵については、賛否のわかれるところかもしれませんが、もう少し院内の体制を充実される、あるいは機器を導入して、患者さんに必要な検査を行えるようにするなど、いずれにしても院内を充実させることになります。

施設基準だけのために無理に体制を整えることは本末転倒になりますが、もう少し努力すれば基準を満たすので、それを目指そう、ということは、特に悪いことではありません。

少し足りない施設基準を満たすように医院として取り組めるかどうか

例えば、図表32は、有床診療所入院基本料の施設基準の抜粋です。

【図表32　有床診療所入院基本料の施設基準（抜粋）】

イ　有床診療所入院基本料1の施設基準
(1) 当該診療所（療養病床を除く。）における看護職員の数が、七以上であること。
(2) 患者に対して必要な医療を提供するために適切な機能を担っていること。
ロ　有床診療所入院基本料2の施設基準
(1) 当該診療所（療養病床を除く。）における看護職員の数が、四以上七未満であること。
(2) イの (2) の基準を満たすものであること。
ハ　有床診療所入院基本料３の施設基準
(1) 当該診療所（療養病床を除く。）における看護職員の数が、一以上四未満であること。
(2) イの (2) の基準を満たすものであること。

（出典：厚生労働省　基本診療料の施設基準等の一部を改正する告示（令和６年厚生労働省告示第 58 号）より抜粋）

上記を見ると、入院基本料１、２、３の違いは、看護職員の数です。現在もし看護職員が６名在籍していたら、もう１名採用して７名になれば、入院基本料２が入院基本料１になるということです。

２０２４年診療報酬の点数を確認します（図表 33)。

【図表 33　２０２４年診療報酬の点数】

Ａ１０８　有床診療所入院基本料（１日につき）
１ 有床診療所入院基本料１
イ 14 日以内の期間　９３２点
ロ 15 日以上 30 日以内の期間　７２４点
ハ 31 日以上の期間　６１５点
２ 有床診療所入院基本料２
イ 14 日以内の期間　８３５点
ロ 15 日以上 30 日以内の期間　６２７点
ハ 31 日以上の期間　５６６点
３ 有床診療所入院基本料３
イ 14 日以内の期間　６１６点
ロ 15 日以上 30 日以内の期間　５７８点
ハ 31 日以上の期間　５４４点

（出典：厚生労働省 診療報酬の算定方法の一部を改正する告示 (令和６年厚生労働省告示第 57 号）より抜粋）

14 日以内の入院であれば、１日につき９３２点と８３５点で 97 点の差があるということです。これは１日あたり、患者さん１名あたり、となりますから、すべてかけ算で考えていけば、その差は大きくなるかと思います。

例えば、10日入院、患者さん10名だと、１００倍の差になるので、97点× 10円×１００倍＝９７，０００円の差になります。1か月あたりに換算すると約30万円の差になります。このように、施設基準は医院の収入に大きな影響を与えるものになるのです。

自院の施設基準を忘れてしまったら（日付も含めて）

ちなみに、自院の施設基準は、いつ、何が出されているか把握されていますでしょうか。施設基準を届出後、医院に送付されてくる通知文を保管しておれば、問題ないのですが、古すぎていつ出したのか不明、という場合は、管轄厚生局のサイトで自院の施設基準指定状況が把握できます。

【図表34　施設基準の状況】

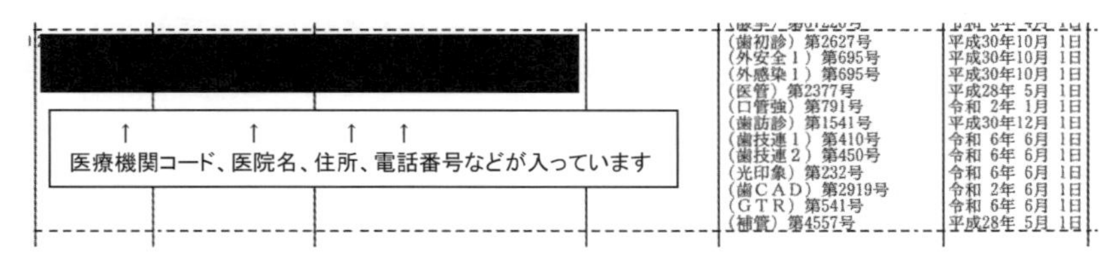

（歯初診）第2627号	平成30年10月 1日
（外安全１）第695号	平成30年10月 1日
（外感染１）第695号	平成30年10月 1日
（医管）第2377号	平成28年 5月 1日
（口管強）第791号	令和 2年 1月 1日
（歯訪診）第1541号	平成30年12月 1日
（歯技連１）第410号	令和 6年 6月 1日
（歯技連２）第450号	令和 6年 6月 1日
（光印象）第232号	令和 6年 6月 1日
（歯ＣＡＤ）第2919号	令和 2年 6月 1日
（ＧＴＲ）第541号	令和 6年 6月 1日
（補管）第4557号	平成28年 5月 1日

（出典：https://kouseikyoku.mhlw.go.jp/kinki/tyousa/shinkishitei.html より抜粋）

例えば、近畿厚生局であれば、近畿厚生局 > 保険医療機関・保険薬局関係・柔道整復師関係 > 保険医療機関・保険薬局の施設基準の届出受理状況及び保険外併用療養費の報告状況にあります。該当の医科 / 歯科 / 薬局で都道府県ごとにPDFファイルになっており、毎月更新されていますので、ご確認ください。

施設基準の定例報告

施設基準は提出して終わり、ではなく、ある一定の内容に関しては毎年定例報告があります。2024年の診療報酬改定が6月施行になった関係で、定例報告は毎年「8月」になりました（以前は診療報酬改定が4月、定例報告は7月でした）。

定例報告は必ず毎年お知らせは来ますが、お知らせが来る前になりましたら、早速準備に入っておくほうが安心です。２０２３年の定例報告からはデータ入力、その後印刷して郵送の流れになりましたが、今後また変更になる可能性もありますので、8月になったら管轄厚生局のサイトで、その都度確認しておくとよいかと思います。

5　オンライン請求

オンライン請求とは

さて、オンライン請求とは、レセプト請求がインターネットを利用して請求できる仕組みのことです。オンライン請求の仕組みができるまでは、光ディスク等（フロッピーディスクやＣＤ−Ｒ）に電子データを入れて郵送するのが主でした（その前は、紙で郵送していました。1999年ごろまで、カルテはすべて紙でしたから、院内に紙があふれていたと考えられます）。

なお、新規開設の医療機関については2024年4月からは光ディスクによる保険請求はできなくなりました。また、2024年10月以降は、オンライン請求に移行する計画を申請し、受理されないと従来どおりの方法で保険請求が受け付けられなくなりました。

社会保険診療支払基金のサイトを確認すると、オンライン請求への移行に向けて（オンライン請求の割合を100％に近づけていくためのロードマップ）が記載されていましたので、お知らせします。

【図表35　ロードマップ概要】

1　令和5年3月23日第164回社会保障審議会（医療保険部会）において、レセプトのオンライン請求の割合を100％に近づけていくためのロードマップ案が了承されました。これにより、オンライン資格確認を導入済みのすべての医療機関・薬局が令和6年9月末までにオンライン請求に移行することを目指すこととされております。（医療機関・薬局の光ディスク等による請求は約27％、紙レセプトによる請求（電子請求の免除対象）は約3･5％）

2　このうち光ディスク等請求の医療機関・薬局については、令和5年4月から原則としてオンライン資格確認の義務化対象となっており、オンライン請求も可能な回線が敷設されることから、原則、令和6年4月からオンライン請求へ移行しなければならないこととされております。
　また、令和６年４月から９月までは経過措置期間を設けつつ、令和６年10月以降も光ディスク等請求を続ける場合には、オンライン請求への移行計画等の提出が必要とされています。
３　なお、オンライン資格確認を導入した上で本来はオンライン請求を実施していないと算定できない「医療情報・システム基盤整備体制充実加算」について、オンライン請求を行っていない医療機関・薬局が令和５年12月までにオンライン請求を開始する旨を地方厚生（支）局へ届け出ることにより、当該加算を算定することができるよう要件が緩和されています。
４　以上のことから、オンライン資格確認の導入と同時にオンライン請求を実施することにより、医療機関・薬局における手続等の効率化が図られますので、この機会にオンライン請求への早期移行をお願いします。

（出典：https://www.ssk.or.jp/seikyushiharai/online/index.html より抜粋）

　時代の流れとしてレセプト請求は、オンライン請求に一本化していく流れですが、医院側も審査側も、紙と手間を削減するためともいえるでしょう。

オンライン請求のメリット

　オンライン請求の最大のメリットは、提出日に余裕ができることです。

【図表36　レセプト請求の提出に関して（2024年９月例）】

保険医療機関・保険薬局・訪問看護ステーション・特定健診等機関・助産所の皆さまへ

支払基金からのご案内

社会保険診療報酬支払基金近畿審査事務センター
令和６年９月号

① 診療（調剤）報酬請求書等の受付

	令和６年９月					令和６年10月				
オンライン請求利用可能期間（土・日・祝日も送信可能です）	5日（木）～7日（土）8:00～21:00 8日（日）～10日（火）8:00～24:00					5日（土）～7日（月）8:00～21:00 8日（火）～10日（木）8:00～24:00				
	「請求確定」は10日までにお願いします。 ＡＳＰ結果の訂正は、12日の21時までにお願いします。									
電子媒体・紙レセプト受付日	6日（金）	7日（土）	8日（日）	9日（月）	10日（火）	6日（日）	7日（月）	8日（火）	9日（水）	10日（木）
	○	×	×	○	○	×	○	○	○	○
	○：開所　×：閉所　受付時間：9:00～17:30 郵便等により提出される場合は、10日までの必着でお願いします。									

（出典：https://www.ssk.or.jp/shibu/index.files/info_h.pdf より抜粋）

その他、支払基金のサイトを確認すると、オンライン請求を行うことで、どのようなメリットがあるかについて、図表37のとおり紹介されています。

【図表37　オンライン請求のメリット】

(1) オンライン請求では受付時間が延長されます。

紙又は媒体による請求では、基本的に毎月9日までは土曜日・日曜日・祝日を除いた17時30分まで、10日は17時30分までの受付としていますが、オンライン請求では、休日を含めて毎月5日から7日は8時から21時まで、8日から10日は8時から24時まで、請求が可能となります。

(2) オンライン請求ではレセプトの事前チェックができます。

オンライン請求では、受付・事務点検ＡＳＰの利用により、不備のあるレセプトデータを事前にチェックし、修正のうえ、当月のうち（12日まで）に請求することができます。

(3) オンライン請求では安全性が確保されます。

既存の請求では、紙レセプト又は電子レセプトが記録された電子媒体を支払基金へ搬送（窓口へ持参又は送付）しているため、搬送時における破損や紛失などの問題が起こりえましたが、オンライン請求ではセキュリティを確保したネットワーク回線を使用することから、安全に請求できます。

(4) オンライン請求では審査後の増減点連絡書データを、ダウンロードできます。

支払基金から送付する増減点連絡書については、保険医療機関・保険薬局で活用できるよう、従前からの紙による連絡書と併せてＣＳＶ形式のデータを提供します。

また、支払基金では、当月の診療（調剤）報酬の振込額をＣＳＶファイル等で毎月15日頃に提供します。

(5) オンライン請求では、審査後の返戻レセプトデータを、ダウンロードできます。

返戻レセプト（再審査返戻レセプト）については、従前からの紙による送付と併せＣＳＶ形式のデータでもお返しします。

ＣＳＶ形式のデータをレセコンに取り込み、訂正のうえ、翌月に請求することができます。

また、当該返戻レセプトに係る返戻内訳書についても、ＣＳＶ形式のデータを提供します。
(6) オンライン請求では確認試験を月に複数回実施できます。
電子媒体による確認試験は、月に１回の実施ですが、オンライン請求の確認試験は、実施できる期間中（毎月５日から月末）は何度でも確認試験を実施することができます。

（出典：https://www.ssk.or.jp/smph/seikyushiharai/iryokikan/index.html#:~:text= より抜粋）

オンライン請求の始め方

さて、オンライン請求をまだ行っていない医院が、オンライン請求を始めるためには、どうすればよいのでしょうか。どんな届出が必要か、と気になりますが、その前に確認事項があります。

・使用するパソコン等（ＯＳ、ブラウザ）がオンライン請求に対応しているか
・オンライン請求に対応している回線を導入しているか

この２点が大前提になります。

詳しい内容は、ここでは割愛しますので、必ず社会保険診療報酬支払基金のサイトで確認をお願いします。例えば、回線についていえば、同じプランでも地域により対応している、対応していないがあるので、他県の先輩の院長先生に確認しても、地域が違えば状況が異なる場合もありますので、ご注意ください。

なお、届出についてですが、初回請求月の前々月の20日が締め切りになっています。（例えば、2024年８月診療分は「９月請求」なので、届出締め切りは７月20日となります）。届出用紙は、支払基金のサイト（トップページ＜診療報酬等の請求・支払＜保険医療機関・保険薬局に係るオンライン請求）にありますので、ダウンロードしてご利用ください。

提出先と必要書類は、

・支払基金に　**「電子情報処理組織の使用による費用の請求に関する届出」**
　　　　　　　「電子証明書発行等依頼書」
・国保連合会に**「電子情報処理組織の使用による費用の請求に関する届出」**

と、それぞれ提出が必要です。医療機関等向け総合ポータルサイトからも届出可能です。内容は、オンライン請求を行う際には、専門家に依頼するかと思いますので、慣れた業者さんであれば、下書きを作成して持ってきてくれることもあります。なお、電子証明書は、費用もかかりますので、その点もご注意ください。

レセプト請求業務と審査に関しての変化

先ほどもお伝えしましたが、レセプト請求がオンライン化されてきて、多くの医院がオンライン請求に変わってきているかと思います。それ以前から電子データでのレセプト請求は増えてきたので、審査の方法も変化してきました。

【図表 38　突合点検と縦覧点検】

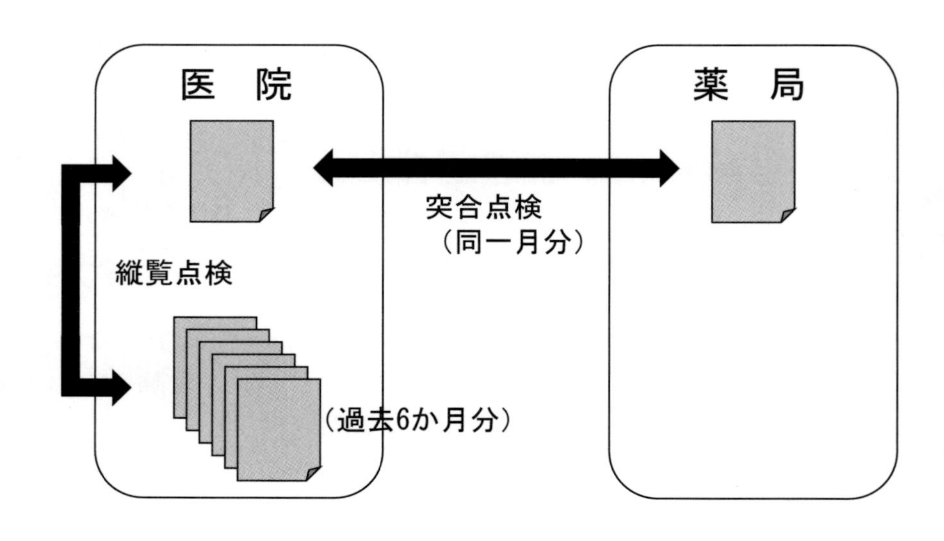

社会保険診療報酬支払基金のサイトによると、突合点検とは「電子レセプトで請求された同一患者に係る同一診療（調剤）月において、医科レセプト又は歯科レセプトと調剤レセプトの組合せを対象とし、医科レセプト又は歯

科レセプトに記載された傷病名と調剤レセプトに記載された医薬品の適応、投与量及び投与日数の点検を行い審査委員会で審査決定します。」とあります。つまり、疾病と投薬の関係をチェックされているということになります。

縦覧点検とは「同一保険医療機関に係る同一患者において、当月分の医科レセプト又は歯科レセプトと直近6か月分の複数月のレセプトの組合せを対象とし、診療行為（複数月に1回を限度として算定できる検査、患者1人につき1回と定められている診療行為など）の回数などの点検を行い、審査委員会で審査決定します。

また、同一診療年月、同一保険医療機関及び同一患者の医科及び歯科の入院レセプトと入院外レセプトの組合せを対象とし、月1回の算定である検体検査判断料などの点検を行い、審査委員会で審査決定します」とあります。

つまり、患者さんの疾病の状況に応じて、時系列で見たときに、ストーリー性のないレセプトは、審査からはじかれてしまう、というわけです。これら、突合点検、縦覧点検は2012年3月審査分わから開始されました。

それまでは、紙レセプトが中心だった時代ので、審査員の目でチェックをしてきたわけですが、人の目には限界もありますし、レセプトが電子データ（ＣＤ—Ｒやフロッピーディスクでの請求も電子データ請求に含みます）で請求されることが増えてきたために導入されたと言えるでしょう。

これは医院経営に大きな影響を与えるとして、当時大きな話題になりました。もちろんそれまでも適当に、乱雑にレセプト請求をしているわけではないのですが、ちょっとしたミスで減点されたり、査定されたりということが増えますので、医院収入としては減るわけですから、レセプト請求の際に院内でのチェックを強化したり、チェックソフトを導入したり、といろんな院長先生がお話ししていました。

審査官に納得してもらえるように、医院のレセプト業務のレベルを上げていくことが重要です。

導入から10年以上になるので、もう院長先生としては、当たり前になっているかもしれませんが、何度も繰り返しで恐縮ですが、レセプト業務は医院運営を左右する大切なことなので、常に気をつけておいていきたいものです。

6　運営数値把握（初診／再診、来院動機などマーケティング視点）

医療にもマーケティング視点を

医院も１つの企業体であることは言うまでもありません。患者さんが来院して、売上を上げることで、企業体として維持できるということになります。当たり前ですが、売上よりも経費が増えると、お金の出入りはマイナスになりますので、マイナスが続けば、他の業種と同じく倒産ということになります（図表39）。

【図表39　医療機関の倒産件数（2000年～2024年）】

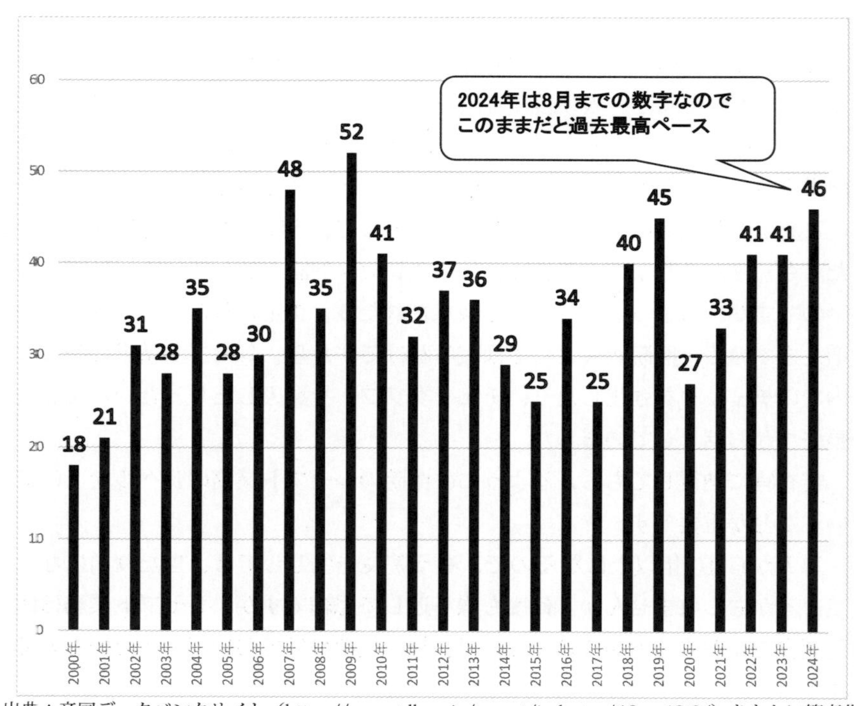

（出典：帝国データバンクサイト（https://www.tdb.co.jp/report/industry/46rg-40i9/）をもとに筆者作成）

脅すわけではありませんが、医院も油断していては、あっという間に倒産の危機に瀕します。大きな病院が倒産、というニュース（2024 年 1 月に千葉県の歯科医院が負債 19 億円規模の自己破産、3 月には東京の歯科医院が負債 11 億円規模の自己破産がありました）は、最近はそんなに珍しいことではなく、地方によっては大赤字の病院が病床返還などで再編、ということを聞くこともあるでしょう。

実際に病院規模で考えても、公立病院で約 7 割、民間病院で約 5 割が赤字となっています。

では、なぜ医療機関も経営の危機に陥ることになるのでしょうか。シンプルに考えれば、お金の出入りを計画していない、ということが一番です。特に医院では、顧問税理士さんはいるにしても、医院の資金状況について、あまり詳しく把握していない院長先生が多い印象です。

売上（入るお金）、経費（出るお金）の毎月の状況は意識しているものの、長期的な視野で見ておかないと、「黒字倒産」にもなりかねません。黒字倒産とは、1 年全体で見ると黒字（つまり、売上より経費が多い）なのに、ある時点でお金が足りず、倒産してしまうことです（図表 40）。

【図表 40　黒字倒産のイメージ】

	1月	2月	3月	4月	5月	6月	7月	8月	9月
先月まで	50万	55万	60万	65万	70万				
入金	100万	100万	100万	100万	0万	200万	100万		
出金	95万	95万	95万	95万	95万	95万	95万		
今月締め	55万	60万	65万	70万	**−25万**				

レセプト請求間に合わず収入が0円に…

6月に2か月分入金予定で黒字なのにここで
お金が足りず倒産…

このように、将来お金が入ることが予定されていても、その前に資金が尽きてしまえば、倒産ということになりえるのです。医院で言えば、レセプト請求の締め切りに遅れてしまって、入金が1か月遅れるなどはありえない話ではありません。

そのため、近年「キャッシュフロー」の重要性が注目されてきました。キャッシュフローとは、単月の収支の動きに加え、手元にどれだけの現金があるかを示したものです。

いわゆる「資金繰り」を考えるのに必要なものと言えます。例えば、医療機器の買い替えなど、購入したいものがあっても、資金がなければ、医院運営はできません。その計画を立てるのに、キャッシュフローを意識する必要があります。

医院の経営数値を把握するのは院長先生のお仕事

これらは、経営者である院長先生のお仕事です。税理士さんと「先月は赤字だったから、来月はがんばろう」と、これはこれでもちろん大切ですが、では、来月に向けて、何をどうして売上を立てていくか、無駄な経費はないかなどを税理士さんと、未来に向けた打ち合わせをすることが必要です。

税理士さんの中には、未来の話は一切なく、過去の振り返りのみで終わる方もいらっしゃるようです。そのような税理士さんとは、今後どのような医院づくりをするかなどの話はできません。

経営者の大切なお仕事の1つは、未来を示すことにあります。未来に向けて、自分はどうしていくのか、を常に問い続けることが経営者の使命でもあります。赤字を見ると、目を覆いたくなる気持ちもわかりますが、スタッフは代わりに経営を考えてくれるわけではありません。

院長先生の描いた未来に向けて協力してくれることはあっても、未来を指し示すのは院長先生ただ1人です。経営者は孤独だとよく言われますが、正にそのとおりなのです。

話がそれましたが、要するに医院の運営数字を何となく見るのではなく、経営者としては大切なポイントは抑えておきたいものです。

税理士さんにすべて任せていますというのは、確かに経理処理は任せてもよいかと思いますが、医院の経営方針や、方向は院長先生が決めていくものです。医院が倒産すれば、院長先生はもちろんスタッフも職を失ってしまいます。職場を守る意味でも、院長先生はマーケティング視点を持ちましょう。

マーケティングとは

改めてマーケティングの定義を考えてみましょう。

マーケティングは「販売」と考えがちですが、公益社団法人日本マーケティング協会によると、顧客や社会と共に価値を創造し、その価値を広く浸透させることによって、ステークホルダーとの関係性を醸成し、より豊かで持続可能な社会を実現するための構想でありプロセスである、と定義されています（2024年1月25日改訂）。「価値を創造」「関係性を醸成」が大切なキーワードです。

注⑴ 主体は企業のみならず、個人や非営利組織等がなり得る。
⑵ 関係性の醸成には、新たな価値創造のプロセスも含まれている。
⑶ 構想にはイニシアティブがイメージされており、戦略・仕組み・活動を含んでいる。

医療で「販売」なんてしっくりこない、医療は一般の商売とは違う、とお考えの院長先生も多いかもしれませんが、医療もサービス業の１つであり、患者さんに医療を提供することも「販売」です。診療行為は形がないので、経済的には「現物支給」と言われ、医療も立派に商売の活動の１つなのです。

患者さんも「自分事」と感じるから行動する

マーケティングとは、ただ「販売する（どちらかというと売りつける、のようなイメージかもしれませんが）」ということではなく、医療で言えば、院長先生の診療が必要とされている方に院長先生の存在を知ってもらい、必要な診療を受けてもらい、そのことで患者さんに価値を感じていただくための活動、ということなのです。

医療には応召義務（注）がありますから、原則として患者さんを選ぶことはできませんが、「誰でもいいから来てください」という観点では、これからは患者さんから選ばれなくなります。

どのようなお困り事を持った患者さんのために、自分の診療を提供したいかを考えるのは、マーケティング上、とても大切なことです。患者さんが「これは私のための診療（治療）だ」と思うから、院長先生を頼ってくるのです。

待っていれば患者さんが来るという時代は終わりました。最近の患者さんは、以前と違った行動変容が起きていて「自宅に近いから行く」ではなく「納得して行く」ことに重きを置いています。同じお金と時間を使うなら、自分が納得できるところに行きたいと考えていて、これは医療も例外ではなくなっています。

今後の厳しい医院運営を乗り切るためには、このようにマーケティングを意識することがとても重要になります。

（注）応召義務について

応召義務とは、医師法第 19 条第 1 項においては、「診療に従事する医師は、診察治療の求があつた場合には、正当な事由がなければ、これを拒んではならない。」として、いわゆる医師の「応招義務」を定めています。

この内容を根拠として、医師は「どんな患者さんでも」診察を受けることを拒否してはいけない、と解釈してきたことがほとんどです。受付で暴言を吐いても、診療費（窓口での一部負担金）を払わなくても、この応召義務がある限りは、診察することを拒否できないのだと信じられてきました。

しかし、厚生労働省医政局長から都道府県知事にあてて出された文書（医政発 1225 第 4 号：令和元年 12 月 25 日付）で、「応召義務をはじめとした診察治療の求めに対する適切な対応の在り方等について」が出され、無条件に診察を拒否できないことではないことが示されました。

一番のポイントは、「医師法第 19 条第 1 項及び歯科医師法第 19 条第 1 項に規定する応招義務は、医師又は歯科医師が国に対して負担する公法上の義務であり、医師又は歯科医師の患者に対する私法上の義務ではないこと（下線部：筆者）」と書かれていることです。

正当な理由があれば、患者さんからの診療は拒否できる、という意味でもあります。具体的な内容は、ぜひ、医政発 1225 第 4 号：令和元年 12 月 25 日付を全文お読みいただきたく存じます。

貸借対照表で経営状況をつかむ

一般企業では、企業の経営状況を示すのに「財務諸表」があります。具体的に抑えたいのが、「貸借対照表」と「損益計算書」です。

まず、貸借対照表ですが、決算日時点における資産、負債、純資産の状態を示したものです。

注⑴ 入金がなくても取引の発生時点で数字を計上

⑵ 減価償却費が含まれるので、実際の現金の動きは追えない

> ＊減価償却費とは
>
> 長期間に渡って使用する固定資産（設備）を耐用年数で配分している費用のこと。
>
> 例えば、耐用年数10年で1億の設備なら、
>
> 1億÷10年＝年間１０００万円
>
> 年間１０００万円ずつ減価償却費として計上するものです。

【図表41　貸借対照表の例】

【資産】	【負債】
・流動資産…現金など ・有形固定資産 ・無形固定資産 ・投資そのほかの資産	・借入金 ・その他支払うもの
	【純資産】 ・資本金 ・利益剰余金

（著者作成）

提供した医療サービスに関して入金はされているか

何のために見るのか、という点で考えると、医院も企業体の1つですから、入ってくるお金より出ていくお金が多いと当然苦しくなります。古くなった設備を買い替えるのも、給与を支払うのも、お金があるからできることです。院長先生としては、自院の現状を知ることはとても大切ですし、今後どこに

どうお金を使うか、を決めることは、経営者しかできません。

先ほど黒字倒産のお話をしましたが、その原因となるのが、一般企業で言うところの「売掛金（うりかけきん）」（いわゆる、ツケです。サービスを先に提供して、後で代金をもらうもの）になりますが、医療は現金取引が中心ですし、診療報酬は２か月先とは言え、入金サイクルが決まっているので、医院で気を付けたいのが「未収金」です。

例えば、次のことで、未収金が発生しています。

・健康診断をある企業から依頼を受けたが、支払いは全員の健康診断が終わってからになっている

・患者さんが財布を忘れたので、その日は、お支払いはせず次回来院時にまとめて払うことになった

・訪日外国人で、日本の健康保険証を持っておらず、全額自費だと所持金が足りず、また近いうちに払いに来ると言っていた

医院の未収金は、そんなに大きくないかもしれませんが「塵も積もれば山となる」ということで、見逃すことはできません。未収金ということは、医療サービスは提供しているわけですから、提供に伴って医院にはコストがかかっています。提供した分の費用はしっかりと回収するためには、医療事務スタッフとの連携、医院としてのルール決めなどが重要です。未収金対策は195頁でお伝えします。

次に注目したいのが、薬品や診療材料です。いわゆる「在庫」と言われるものにあたります。一般企業では「在庫は罪庫」と言われることもあるくらい、社内に眠っているものが大きいと、企業経営を圧迫すると言われています。

医院の在庫は、診療に使用するものなので、在庫を少なくしたいからと言って、常にギリギリというわけにはいかないです。患者さんの診療に影響が出るからです。

また、薬品などは使用期限があるため、永遠に置いておけるわけでもないので、これらの理由から、医院では在庫はある程度余裕があることが多いです。

とはいえ、あまりに在庫が多いのは、医院経営にとってよくないことです。会計処理上も、在庫分は費用（経費）から除かれるので、節税対策にもなり

ませんので、あまり抱えすぎないことが大切です。

以前は、病院向け、手術室向けの高額な在庫管理システムが多かったのですが、最近ではクリニック向けの在庫管理システムも販売されているので、検討の余地はあるかと思います。

出ていくお金の計画に無理はないか

さて、ここまではお金が入る話でしたが、逆に出ていく内容も見ておきましょう。先ほどの「売掛金」の逆で「買掛金（かいかけきん）」に注目しましょう。買掛金は、払う必要があるけど、まだ払っていないものですので、これからお金が出ていくことが決まっているものです。

ただ、まだ支払っていないので、手元にお金はあるわけですから、勘違いしやすいです。決算時点では、現金があると思っていても、その後出ていくことになるので、買掛金が多すぎると、ある時点で一気に苦しくなります。資金繰りの予測を立てておくことが重要になります。

月払いだけでなく、年払いにも注意してください。支払いが年１回だと計画から漏れやすいだけでなく、高額であることもあるためです。

最後に、流動比率は見ておきたいものです。会計での「流動」とは１年以内の短期で動く可能性があるものをいいます。つまり、流動資産とは、１年以内に現金化されるものです。逆に流動負債とは、１年以内に出ていくものです。

流動比率とは、次の式で表します。

流動比率（%）＝流動資産÷流動負債×１００

つまり、手元にある資金で１年以内に出ていくものを払えるかということを示していますので、大きいに越したことはありませんが、目標としては200%といわれています。

医療機器やパソコンの故障など、なぜか続くときは続きます。手元の資金に余裕がないと、いざという時の対処ができません。普段から余裕のある資金繰りを意識しておきましょう。

損益計算書で損益状況をつかむ

次に、損益計算書ですが、１年間の売上・費用・利益を示したものです。例えば、図表 42 のような数字で、何が読めるでしょうか。

【図表 42　損益計算書の例】

医業収益	２５００万円	
医業費用	１５００万円	
医業利益		1000 万円
医業外収益	３００万円	
医業外費用	２５０万円	
経常利益		1050 万円
臨時収益	１００万円	
臨時費用	１２０万円	
税引前当期純利益		1030 万円
法人税等		400 万円
当期純利益		630 万円

一般企業と同様、利益は売上から費用を差し引いたものであることは変わりませんので、最終的にプラスになれば黒字ですし、マイナスになれば赤字ということになります。

大まかな状況が理解できたら、どんな形で売り上げが構成されているか、どんな形で費用がかかっているのかなどを確認していきましょう。大きな数字で理解しにくい場合は、比率でみると、わかりやすくなります。

例えば、

⑴医薬品費・材料費÷医業収益×１００
⑵人件費÷医業収益×１００
⑶経常利益÷医業収益×１００

この３つくらいはおさえておきましょう。

損益計算書で見ておく比率の話

⑴についてですが、医薬品費・材料費は売上に伴って変動するものなので、売上が上がると、それらも増えます。そこで医薬品費・材料費比「率」を見ることで、医院の状況を把握しましょう。
医院の場合は、おおよそ10%、歯科医院の場合は、おおよそ20%くらいが適正と言われています。

次に⑵についてですが、医院における最大の固定費は「人件費」です。その人件費がどれだけ使われているかの比率です。固定費、とは毎月決まって出ていくお金、ということになるので、できるだけ低くしたいところです。

だからと言って、人件費が低すぎると、医院の経営上はよいかもしれませんが、スタッフ満足度が低い可能性もあります。適正な比率は45%から50%くらいと言われています。

最後に⑶についてですが、経常利益は、医院で言えば、医療に関する事業活動と雑収入や受取利息、受取配当金などの収入と、支払利息などの支出を計算したものになります。規模によっては、ほとんど医業利益と変わらないと思います。医院の場合は、5%から10%の間にあることを目安にしたいところです。

以上が重要なポイントですが、損益計算書について補足すれば、1年間の結果報告なので、必ずしても赤字だからダメ、ということではありません。大きな設備投資（例えば、ＣＴスキャンを買い替えたなど）があった年は、赤字になる年もあるかと思います。赤字がすべて悪いわけではなく、院長先生が意識せずに赤字になった際には、どこに原因があるのかを税理士さんとよく分析をしていただきたいです。

なお、個人事業の場合は、確定申告資料に貸借対照表も損益計算書も含まれているので、ぜひご確認をお願いいたします。

スタッフに経営数値を見せるか

では、スタッフに対しては、このような数値を見せるのかどうか、という点についても触れたいと思います。このような財務諸表を、スタッフに見せて、例えば患者さんのノルマを課す、売上目標を立てる、などが効果を上げるかどうかという点については、いかがでしょうか。

このような手法は、医療機関ではあまり一般的ではなく、医療従事者にとっては、一種やる気を削いでしまうこともあります。病院などでは平均在院日数や病床利用率など、毎日のように更新されて、現状をシェアするということはありますが、外来患者数の目標の掲示などは、まずないかと思いますし、増患に関して、スタッフにノルマを課しても、特に効果も見込めません。

それらの観点から、財務諸表をそのまま見せても、意味がわからないことも多いですし、数字が独り歩きする可能性もあります。「うちって儲かってないよね」「院長、私らよりも他のことにお金使いすぎじゃない」など、経営の視点からは考えられない発言が飛び交うかもしれません。

そのためスタッフに対しては、全体会議などで経営数値を概況だけ見せて、説明を定期的にするようにしている医院や、患者満足度向上の結果、患者さんが多く来院されて喜ばれていると話をしている医院などがあります。

何をどこまで伝えるかは、院長先生の判断ですが、あまり具体的に伝えすぎて、院長先生への疑心暗鬼などに繋がってしまっては意味がありませんので、税理士さんや専門家に相談した上で行いましょう。

初診率と再診率

さて、話をマーケティングに戻しますが、医院として意識したいことが、「初診率」「再診率」「来院動機」です。それらは、月ごとに算定するようにしてください。

まず、「初診率」「再診率」ですが、医院の現況を示す大切な数字です。医院を開業して間もなくは、すべて初診の患者さんなので、初診率は当然100％近くから始まりますが、開業から時間が経つとその数値は低くなっていきます。

再診が増えていくということは、患者さんが院長先生の診療をまた受けたいと思っている、ということなので、医院にとっては大切なことになります。

院長先生も気に入ったレストランなど、何度も訪れることはありませんか。医院もそれと同じで、一度来てくれた患者さんがまた診療を受けに来るということは、信頼の証なのです。

開業から時間が経つと再診が増えていきますが、では初診率が0%になればよいのでしょうか。確かに再診患者さんは、院長先生への信頼の証ですが、初診患者さんが全く来なくなるのも、医院としては考えものです。初診の予約が取りにくいのか、医院の存在が認知されていないのか、いずれにしても課題があると考えられます。

初診患者さんがいなくなると、再診患者さんが終診すれば、それだけ患者数が減っていく一方なので、ある一定の初診患者さんも来ていただくことは医院経営上必要と言えます。

以上の点から、開業して2、3年で初診率は10%くらい（小児科、耳鼻咽喉科、皮膚科、歯科は20%くらい）を目安にしておきましょう。

初診率は高すぎても低すぎても危うくなる

もし初診率が低いようであれば、広告などを利用した医院の認知度向上、家族受診の促進（院内チラシの配布など）などマーケティングの取り組みが足りないという意味になります。

逆に、初診率が高いようであれば、患者満足度が低い可能性があるので、どの点で再診を拒まれているのか、ということを把握する必要があります。

患者さんニーズに応えられていないのか、スタッフや院長先生の対応がよくないのか、ホームページなどに書いていることと違うことがあるのか、など、どこかに不満があると考えられます。

ただ、不満を持った患者さんは、二度と来ない（だから再診で来ないのですが）ので、どこが不満なのかを直接聞くのは難しいです。院内でのクレームやご意見ハガキなどを活用して、不満の声を拾い、医院運営に生かすようにするという取り組みをしている医院もあります。

初診と再診のバランスが、医院運営には大切になりますので、エクセルなどを利用して毎月集計して、その推移を把握するようにしましょう。電子カルテであれば、基本的に医院数値の集計は、時間をかけずにできます。レセコンはベンダーによって、このような数値集計に弱いところもあるようですので、お使いのベンダーにご確認ください。ぜひ医院の現状を知る意味でも、集計するようにしておきましょう。

来院動機を集計することの重要性

来院動機とは、字のごとく「なぜ来院していただいたのか」「なぜ当院を選んでいただいたのか」という理由のことですが、来院動機について集計している医院は、まだまだ少ないです。

というのも、もともと医療機関は「患者さんに比較されて選ばれている」という意識が少ないからです。ベテランの院長先生の中には「私を誰かと比較するなんて」と憤慨していた方もいらっしゃいます。

しかし、現代においては、医療であっても、患者さんはいろいろ比較して、少しでも満足できる医療機関を探していることは明白です。来院動機にも、時代の流れが来ているのです。

インターネットやスマートフォンがまだなかった時代では、
「自宅から近い」
「看板、通りがけ」
「友人、家族に聞いた」
それらが、来院動機としては圧倒的でしたが、現代は
「友人、家族に聞いた」
「インターネットを見て」
が圧倒的になっています。

開業して間もなくは、以前の時代と似たようなことはありますが、開業から数年経つと、「友人、家族に聞いた」「インターネットを見て」を合わせると 50%くらいになることが理想的です。これらの来院動機も、医院の満足度を示すものとして、医院経営に大きな影響を与えます。

これらが少ないと、おそらく「自宅から近い」「看板、通りがけ」が来院動機の中心になっています。これは来院した患者さんの満足度が低いので、実際に来院した患者さんが、周りにおすすめしてくれていないということになります。

もちろん小さなお子さんが対象である小児科、耳鼻咽喉科などは、自宅からの近さも大切になりますが、それは大前提であり「自宅から近いところで、友人から紹介されたところ」として自院が選ばれることが重要になります。

先ほどの再診率と連動しますが、再診が増えれば増えるほど、満足度が高

い、すなわち患者さんから患者さんへの紹介が生まれるということを意味しますので、「友人、家族に聞いた」来院動機の率が上がってくるものと考えられます。

では、「いつ来院動機を聞いているのか」ですが、よく医院で取り組まれているのは、問診票に質問を入れて調査しています。最近はウェブ問診票も増えていると思いますが、紙であってもウェブであっても、来院動機の質問を入れるようにして、自院の来院動機を調査できるようにしておきましょう。

開業とは、すなわち「弱者」からスタート

マーケティングは、自院の勝ちパターンを見つけていくことでもあります。院長先生自身としては「これが患者さんに響くはず」と思っていても、実際に来院されている患者さんに聞いてみると、全然違う点だった、ということはよくあるお話です。

また、ある先輩の医院でうまくいった手法が、必ずしも自院でも通用するかどうかは、やってみないとわからないです。

マーケティングなど経営の観点からの戦略も必要です。今まで述べてきたマーケティングは、あくまでも現況を知るためのもので、未来に向けて実行するためには「戦略」が必要になります。

世の中には、多くの経営戦略がありますが、私がおすすめするのは、「ランチェスター戦略」です。元々は、イギリスのフレデリック・ランチェスター氏が、第一次世界大戦中に提唱した「ランチェスターの法則」で、軍事戦略だったのですが、戦後、日本人のコンサルタント田岡信夫氏が、ビジネスの販売戦略に応用し、中小企業でも実践できるモデルに改良しました。

世の中にある大半のビジネス戦略が、比較的大きな企業では活用できるが、中小企業ではなかなかできない、というものも多い中で、このランチェスター戦略は、小規模の企業でも比較的考えやすい内容だからです。

ランチェスター戦略の概略をここでご紹介します。ランチェスター戦略では、ナンバーワン以外は「すべて弱者」であるということです。院長先生に「弱者」という言葉を突き付けると、あまり気に入らない表情をされる先生も多いのですが、医院の開業は、基本的にその地域のナンバーワンがすでにいま

すので、これから開業する院長先生は、すべて弱者となります。その認識をまず持つことが大切です。

簡単に言えば、トヨタ自動車のようなナンバーワンの企業をイメージしていただければわかりやすいかと思いますが、そのような大企業と同じことができるでしょうか。芸能人を使ったテレビＣＭを大量に打つ、すごく洗練されたホームページを、高額費用をかけてつくる、など、同じことはできないですし、仮にしたとしても、医院運営に大きくプラスになるとは思えません。すでに有名な会社なので、会社名を聞いてピンとくるからこそ、できることなのです。

では、どうすればいいのかを教えてくれるのが、弱者の戦略としてのランチェスター戦略なのです。

ランチェスター戦略の第一の法則、第二の法則

・第一の法則【弱者の戦略】

戦闘力は「戦闘員数×武器性能」で計算し、同じ武器性能であれば、戦闘員数が多いほうが勝利という考え方です。戦闘員数が同じであれば武器性能が優れているほうが勝利する、ということは、ビジネスで考えると、弱者は、強者に比べて社員数が少ないので武器性能を上げる、つまり商品の質（医療の質）で勝負しよう、ということになります。

そのために、戦い方としては

⑴一騎打ち

⑵局地戦

⑶接近戦

です。⑴は、ライバルを１つに絞り、あるいはライバルが少ない地域などに開業することを意味します。全部がライバル、と考えると力が分散してしまいます。⑵は限られた範囲に徹底する、例えば医院であれば半径２キロメートル以内に集中的に広報するなどです。「弱者は各駅停車で勝負せよ」という教えもあるくらいです。⑶は患者さんとの距離を縮めるための戦略、例えば来院された方に広報誌を渡すなどが考えられます。他ライバル医院が取り組まないような治療や診療を行い、患者さんを呼ぶなどもこれにあたります。

・第二の法則【強者の戦略】

一方、ナンバーワン企業にとっては、武器性能で劣っていても、戦闘員数で有利になるための戦場へ持ち込めば、強者有利になるという意味です。

そのために、戦い方としては、

⑴広域戦

⑵確率戦

⑶遠隔戦

です。⑴は、狭い地域を狙うのではなく、都道府県全体、あるいは、日本全国のような大きな市場を狙うことを意味します。⑵は、強者はすでに有名なので、逆に競合他社がいるような市場を狙う方が選ばれやすいので、弱者を伍しやすくなるということです。⑶は、広告を大々的に打つ、例えば全国紙の新聞に広告を出す、テレビＣＭを打つ、などです。

これらのことは、弱者であれば同じことはできませんし、強者がそのブランド力を背景に進めていけば、弱者はひとたまりもありません。医療で言えば、新規開業医院が、地域で有名な病院、あるいはグループ医院と同じことをしても、戦略上勝ち目はありませんので、第一の法則にある「一騎打ち」「局地戦」「接近戦」にどう持ち込むかを考えないといけないということです。

ランチェスター戦略のシェア理論

現状の立ち位置を知る際には、シェア理論が参考になります。シェアは、ある地域において、どれだけの占有率があるか、ということです。すべての細かい数値は、ランチェスター戦略の専門書籍に譲りますが、いくつか医院にとっても有益な数値だけをご紹介します。弱者としては、以下の４つの数値を意識しておくとよいかと思います。

⑴拠点目標値（シェア 2.8%）

まずは目指すべき数値です。新規開業の際は、拠点目標値を目標に戦略を立て、まずは自院を知ってもらう活動をしましょう。来院している患者さんから認知度を広げていくのもよいかと思います。

⑵存在目標値（シェア 6.8%）

地域に医院の存在を認められていますが、影響力はほとんどありません。

開業して数年経つのに、このシェアを取れていないようであれば、医院継続が難しいです。医院の認知度を上げる、患者満足度を高める活動をするなど、地道な活動が不足している可能性があります。

⑶影響目標値（シェア 10.9％）

10％を確保できると、地域や他院から認知されているといえます。医院全体でなくても、例えばある年齢で区切った際に 10％のシェアを取れるようにする、などによって、その地域での認知度を高めるのも有効です。ここからは口コミによる影響が大きくなってくるかと思います。

⑷上位目標値（シェア 19.3％）

弱者として、かなり大きな存在になってきたと言えます。この数値になると、強者がライバルとして意識する可能性があり、強者の戦略を仕掛けてくる可能性もあります。地域の強者のホームページや広告、取り組みなどを注視して、あくまでも弱者の戦略を大事にしていくことが大切です。

病院であれば二次医療圏におけるシェアを計算することが多いかと思いますが、医院の場合は、医院を中心とした半径 2 キロメートルを目安にして人口を調査するとよいかと思います。徒歩圏内は半径 1 キロメートル（徒歩 15 分くらい）まで、自転車圏内は半径 2 キロメートルまでといわれているからです。人口のデータは、各自治体のサイトで公開されています。町名別 5 歳階級年齢別性別人口なども、患者さんシェアを確認するのに、利用できます（図表 43）。

このような情報公開を利用して、自院の戦略に活用していきましょう。

全国から来院していただけるような医院を目指す、その意欲は大変すばらしいことですが、欲張らずにまずは地域ナンバーワンを目指すようにしましょう。そのために何ができるのか、目の前の患者さんの満足度を高めることに集中したほうが、結果、全国から来院するような医院になることにつながります。

ちなみに強者のシェア目標は 41.7％です。ビジネスの世界では、シェアを取りすぎると逆に衰退するといわれています。強者と弱者もバランスの世界なのです。

最後に、ランチェスター戦略の三大原則をご紹介します（図表 44）。

【図表 43　人口統計情報（大阪府枚方市の例）】

枚方市 Hirakata City ホームへ ｜ くらし・手続き ｜ 子育て・教育 ｜ 健康・福祉 ｜ 観光・文化 ｜ 産業・しごと ｜ 環境・まちづくり ｜ 市政情報

現在位置　ホーム ＞ 市政情報 ＞ オープンデータ ＞ 公開データ ＞ 統計

あしあと　人口統計情報（オープンデータ）

人口統計情報（オープンデータ）

[公開日：2021年8月25日]　[更新日：2024年2月13日]　ページ番号：18227　　ソーシャルサイトへのリンクは別ウィンドウで開きます

※CSV形式のデータはzipファイルで保存しています。ダウンロード後に展開して使用してください

人口動態

添付ファイル

- 人口動態（平成25年1月から）【CSV形式】（圧縮ファイルZIP形式、2.71KB）

性別年齢別人口

添付ファイル

- 性別年齢別人口（令和6年1月1日現在）【CSV形式】（圧縮ファイルZIP形式、1.11KB）
- 性別年齢別人口（令和5年1月1日現在）【CSV形式】（圧縮ファイルZIP形式、1.11KB）
- 性別年齢別人口（令和4年1月1日現在）【CSV形式】（圧縮ファイルZIP形式、1.10KB）
- 性別年齢別人口（令和3年1月1日現在）【CSV形式】（ファイル名：2021.1nenreibetu.zip サイズ：1.11KB）

お問い合わせ

枚方市役所 総務部 総務管理課 統計担当

電話: 072-841-1324

ファックス: 072-841-3039

電話番号のかけ間違いにご注意ください！

お問い合わせフォーム

総務部総務管理課統計担当

- お知らせ
- 市役所案内
- 統計情報
- 有料広告
- 申込み
- 国勢調査
- 人口統計表
  - 枚方市町名別性別人口

町名別性別人口

世帯構成が特定される地区については＊＊＊で表記しています。

添付ファイル

- 町名別性別人口（令和6年1月1日現在）【CSV形式】（圧縮ファイルZIP形式、6.08KB）
- 町名別性別人口（令和5年1月1日現在）【CSV形式】（圧縮ファイルZIP形式、6.11KB）
- 町名別性別人口（令和4年1月1日現在）【CSV形式】（圧縮ファイルZIP形式、6.10KB）
- 町名別性別人口（令和3年1月1日現在）【CSV形式】（ファイル名：2021.1choumeizinkou.zip サイズ：6.30KB）
- 町名別性別人口（令和2年1月1日現在）【CSV形式】（ファイル名：2020.1choumeizinkou.zip サイズ：6.34KB）
- 町名別性別人口（平成31年1月1日現在）【CSV形式】（ファイル名：2019.1choumeizinkou.zip サイズ：6.30KB）
- 町名別性別人口（平成30年1月1日現在）【CSV形式】（ファイル名：2018.1choumeizinkou.zip サイズ：6.32KB）
- 町名別性別人口（平成29年1月1日現在）【CSV形式】（ファイル名：2017.1choumeizinkou.zip サイズ：6.31KB）

出典：https://www.city.hirakata.osaka.jp/0000018227.html より抜粋

ランチェスター戦略の三大原則

まずは、地域に存在を示すために、⑴一点集中で存在感を高めましょう。

他院との差別化だけではなく、「□□といえば○○医院」と呼ばれることを目指すものです。とはいえ、医療の内容で差別化を図るのは、正直難しいです。地域をしぼってシェアを大きくするように広告を行い、患者さんを増やして、ある地域や町内に集中するのもよいかと思います。現代であれば、ホームページやＳＮＳを活用することは外せないです。

【図表 44　ランチェスター戦略の三大原則】

⑴一点集中主義
⑵足下（そっか）の敵攻撃の法則
⑶ No.1 主義

次に、⑵足下（そっか）の敵攻撃の原則ですが、医院運営で「敵攻撃」とは、なかなかイメージできないかもしれませんが、商売である以上、必ずライバルは存在します。勝者とはまともに勝負をしてはいけません。強者は、弱者のマネが簡単にできますので、まともに勝負をすると、勝ち目はないのです。

それよりも自院より１ランク低いライバルの患者さんを、どう呼び込むかの戦略の方が大切になります。自院よりランクの低い相手と戦うことで、強者と戦うよりも少ない資源で下位との差を広げられます。

ただし、どの医院が１ランク下なのか、など、この戦略を実行する際は、具体的な競合分析と市場調査を行う必要があります。

最後に、⑶ No.1 主義ですが、ランチェスター戦略では、どんな区切りでもよい（町内、学校内、ある年代・性別など）ので、医院の何かで圧倒的なナンバーワンになることで存在感とブランド力を高めていき、強者を目指していきましょう。具体的には（100％や50％を目指すのではなく）シェア41.7％です。

以上は、医院の経営戦略としては必要な視点ですが、医療機関には広告に関する規制がありますので、「No.1」とは出せません。広告については、次に述べますので、ご確認ください。医院も企業の１つとして、ぜひ経営戦略を取り入れて運営を行っていきましょう。

7　医療広告のルール

医療の広告はルールがある

医療には広告規制があり、自由に広告できるものではありません。「医業若しくは歯科医業又は病院若しくは診療所に関する広告等に関する指針（医療広告ガイドライン）」が 2024 年 9 月 13 日に最新版として、厚生労働省のサイトに掲載されています。まずその主旨から見ていきたいと思います。

最新の医療広告ガイドラインによると、図表 45 のように記載されています。

【図表 45　最新の医療広告ガイドライン】

> 医業若しくは歯科医業又は病院若しくは診療所に関する広告（以下「医療広告」という。）については、患者やその家族あるいは住民（以下「患者等」という。）の利用者保護の観点から、医療法（昭和 23 年法律第 205 号。以下「法」という。）その他の規定により制限されてきたところであるが、医療機関のウェブサイトについては、原則として、規制対象とせず「医療機関のホームページの内容の適切なあり方に関する指針（医療機関ホームページガイドライン）について」（平成 24 年 9 月 28 日付け医政発 0928 第 1 号厚生労働省医政局長通知）により関係団体等による自主的な取組を促してきた。
>
> しかしながら、美容医療に関する相談件数が増加する中、消費者委員会より、医療機関のウェブサイトに対する法的規制が必要である旨の建議（美容医療サービスに係るホームページ及び事前説明・同意に関する建議（消費者委員会平成 27 年 7 月 7 日））がなされた。同建議を踏まえ、平成 29 年の通常国会で成立した医療法等の一部を改正する法律（平成 29 年法律第 57 号）により医療機関のウェブサイト等についても、他の広告媒体と同様に規制の対象とし、虚偽又は誇大等の表示を禁止し、是正命令や罰則等の対象とすることとした。その際、医療機関のウェブサイト等についても、他の広告媒体と同様に広告可能事項を限定することとした場合、詳細な診療内容など患者等が求める情報の円滑な提供が妨げられるおそれがあることから、一定の条件の下に広告可能事項の限定を解除することとしている。

（出典：厚生労働省　医業若しくは歯科医業又は病院若しくは診療所に関する広告等に関する指針等の一部改正について（通知）（医政発 0913 第 4 号令和 6 年 9 月 13 日）より抜粋）

以前は、医院ホームページは広告規制の対象外だったが

つまり、医療は本来患者さんのために広告を規制して、利用者保護をしてきていて、ウェブサイトは、平成24年のガイドラインにより、自主的な取り組みを促してきたが、自由診療などで何かと問題が出てきたので、平成29年に規制対象に変えました、ということです。

「一定の条件の下に広告可能事項の限定を解除する」ということなので、条件をクリアすれば、広告可能ということです。ただ、この条件が複雑に見えるため、医院での広報活動を諦めてしまう、ということもあったようです。

先ほどから繰り返しているように、医院も企業体の1つであり、地域に、患者さんに認知されないことには、来院していただけるものではありません。そのためには、ガイドラインの意図を理解し、どこまでが広告可能なのかを把握し、医院経営に活かす必要があると考えます。

医療広告ガイドラインにおける広告の定義

まず、広告とは何なのかという定義から見ていきます。医療広告ガイドラインによると、規制対象になる医療の広告とは、

① **患者の受診等を誘引する意図があること（誘引性）**

② **医業若しくは歯科医業を提供する者の氏名若しくは名称又は病院若しくは診療所の名称が特定可能であること（特定性）**

以上の2点のどちらも含まれるものです。

要するに「ある特定の医療機関に、患者さんを呼ぶための広告」は、規制対象になりますということです。

例えば、一般企業であれば、何かの商品を宣伝するのも、商品名と会社名がわかるようになっているので、広告としては当然なのですが、それが医療の世界では規制対象になるのです。ただ、規制対象は「禁止」という意味ではありません。条件があれば可能、ということです。

もう少し具体例もガイドラインにあるので、確認しましょう。

「誘引性」は、「広告に該当するか否かを判断する情報物の客体の利益を期待して誘引しているか否かにより判断することとし、例えば新聞記事は、特定の病院等を推薦している内容であったとしても、「誘引性」の要件を満た

さないものとして取り扱うこと。ただし、当該病院等が自らのウェブサイト等に掲載する治療等の内容又は効果に関する体験談については広告に該当すること」となっています。

また「特定性」については、「複数の提供者又は医療機関を対象としている場合も該当するものであること」となっています。

患者さんを呼ぶ意図ではない新聞記事などの情報提供は広告規制にならないという意味です。新聞の取材を受けた記事は「特定性」はある（医院名、院長名などが掲載されるかと思いますので）のですが、「誘引性」がないと考えられるからです。

ただ、自院のサイトに掲載した場合は、患者さんのための情報公開と言っても、それは明らかに患者さんを呼ぶためのページですよね、と解釈されるので、規制対象になります。

「誘引性」と「特定性」は実態で判断する

では、「誘引性」と「特定性」がないように見せたらよいのか、という話になりますが、医療広告ガイドラインでは、図表46のようなものは、ただの見せかけと判断します、との例が挙げられています。

【図表46　医療広告ガイドラインの見せかけと判断される例】

ア「これは広告ではありません。」、「これは、取材に基づく記事であり、患者を誘引するものではありません。」との記述があるが、病院名等が記載されている

イ「医療法の広告規制のため、具体的な病院名は記載できません。」といった表示をしているが、住所、電話番号及びウェブサイトのアドレス等から病院等が特定可能である

ウ 治療法等を紹介する書籍、冊子及びウェブサイトの形態をとっているが、特定（複数の場合も含む。）の病院等の名称が記載されていたり、電話番号やウェブサイトのアドレスが記載されていることで、一般人が容易に当該病院等を特定できるような場合であって、実質的に①及び②の要件をいずれも満たす場合には、広告に該当するものとして取り扱うことが適当である。また、新しい治療法に関する書籍に「当該治療法に関するお問いあ

わせは、○○研究会へ」と掲載されている場合等のように、当該書籍等では直接には、病院等が特定されない場合であって、「当該書籍は純然たる出版物であって広告ではない。」等として、広告規制の対象となることを回避しようとする場合もある。この場合であっても、連絡先が記載されている「○○研究会」や出版社に問い合わせると特定の医療機関（複数の場合も含む。）をあっせん等していることが認められる場合であって、当該医療機関が別の個人や出版社等の団体を介在させることにより、広告規制の対象となることを回避しようとしていると認められる場合には、これらは、いわゆるタイアップ本やバイブル本と呼ばれる書籍や記事風広告と呼ばれるものとして、実質的には、①及び②に示したいずれの要件も満たし、広告として取り扱うことが適当な場合があるので十分な留意が必要である。加えて、患者等に広告と気付かれないように行われる、いわゆるステルスマーケティング等についても、医療機関が広告料等の費用負担等の便宜を図って掲載を依頼しているなど、実質的には①及び②に示したいずれの要件も満たし、同様に広告として取り扱うことが適当な場合があるので十分な留意が必要である。

（出典：厚生労働省　医業若しくは歯科医業又は病院若しくは診療所に関する広告等に関する指針等の一部改正について（通知）（医政発0913第4号令和6年9月13日）より抜粋）

このように、いろんな手を使って、広告規制を逃れようとしても、実質的にどこの医療機関かなどを調べることができ、患者さんを呼ぶ意図が見えるようであれば、広告規制の対象です、ということになります。

医療広告ガイドラインにおける許可事項：客観的事実

では、広告規制の対象となる広告とされた場合、結局何が可能なのかということについては、医療広告ガイドラインにはかなり具体的な例が出ています。

図表47では許可事項の項目についてのみご紹介しますので、詳しい内容については、医療広告ガイドラインにて確認をお願いしたいです。
(注：許可事項の内容がわかるようにある程度簡略化しています)

【図表 47　医療広告ガイドラインにおける許可事項】

⑴　医師又は歯科医師であること
⑵　診療科名：ただし、表示内容のルールがあるので注意してください。
⑶　医院の名称、電話番号、所在地、管理者の氏名
⑷　診療日と診療時間、予約による診療の実施の有無
⑸　医院や、医師又は歯科医師が受けている指定の内容
⑹　医師少数区域経験認定医師であること
⑺　地域医療連携推進法人の参加病院等であること
⑻　入院設備の有無、病床の種別ごとの数、医療従事者の数、施設、設備従業員に関すること
⑼　医療従事者について、患者さんが医療の選択に影響を与えるものとして厚生労働大臣が定めるもの
⑽　患者さんやその家族からの医療相談に応ずるための措置、医療安全確保の措置、個人情報の適正な取扱いを確保するための措置、医院の管理又は運営に関すること
⑾　紹介ができる他院又は保健医療サービス、福祉サービスを提供する者の名称、これらの者と医院との間における施設、設備又は器具の共同利用の状況、その他医院と保健医療サービスや福祉サービスを提供する者との連携に関すること
⑿　カルテ開示、検査結果、書面の交付などの医院での医療に関する情報提供に関すること
⒀　医療の内容に関する事項（検査、手術その他の治療の方法については、患者さんが医療を適切に選択するのに必要なものとして厚生労働大臣が定めるもの限定）
⒁　平均在院日数、平均外来患者数、平均入院患者数、その他の医療の提供の結果に関する事項で、患者さんが医療を適切に選択するのに必要なものとして厚生労働大臣が定めるもの
⒂　その他前各号に掲げる事項に準ずるものとして厚生労働大臣が定めるもの

（出典：厚生労働省　医業若しくは歯科医業又は病院若しくは診療所に関する広告等に関する指針等の一部改正について（通知）（医政発 0913 第 4 号令和 6 年 9 月 13 日）より抜粋）

以上のように定められていますので、まずは自院に関して必要そうな項目をピックアップしましょう。

許可事項の全体をざっくり言えば、事実または客観的に事実と言えるものは、広告してよいですよ、ということになります。

患者さんがどこの医療機関に行こうかと検討するときに、個人の感想か客観的な事実か、わからないまま行くことになっては、患者さんの体に大きな影響を与えるかもしれない、という考え方になっています。

美容系医院のテレビＣＭで医院名だけを連呼するものがありますが、これに許可事項の(3)にあたりますし、具体的な施術と費用を出してＣＭをしているのは許可事項の(13)が根拠になっています。

医療広告ガイドラインは、自費系医院、美容系医院だけの話ではありません。たとえ保険診療のみを行う医院であっても、ぜひ知っておいてほしい内容です。

医療広告ガイドラインにおける禁止事項

先ほど許可事項について見てきましたが、今回は禁止事項について見ていきましょう。

禁止事項ということは「無条件で禁止」という意味なので、絶対に行ってはいけません。次の５つについては禁止されています。

(1)　比較優良広告
(2)　誇大広告
(3)　公序良俗に反する内容の広告
(4)　患者その他の者の主観又は伝聞に基づく、治療等の内容又は効果に関する体験談の広告
(5)　治療等の内容又は効果について、患者等を誤認させるおそれがある治療等の前又は後の写真等の広告

では、具体的に見ていきましょう。

禁止事項に関する考え方

まず(1)の比較優良広告ですが、要するに他と比べて当院が優れていますな

どの内容が禁止という意味です。

事実であったとしても、優秀性について、著しい誤認を与えるおそれがあるために禁止されるものであり、例えば、「日本一」、「No.1」、「最高」等の最上級の表現その他優秀性について著しく誤認を与える表現は、客観的な事実であったとしても、禁止です。

これは広告上の表現に限らず、医院名やウェブサイトのURLにも入れることはできません。またランキング表を作成して、自院の優位性を伝えることもできません（新聞社などが作成するランキング表などは、医療機関からの依頼ではないので、医療広告にあたりません）。

次に(2)の誇大広告ですが、要するに事実より大きく見せる、あるいは大げさな内容は禁止ということです。必ずしも虚偽ではないものの、施設の規模、人員配置、提供する医療の内容等について、事実を不当に誇張して表現する、人を誤認させる広告は禁止ということです。

では(3)についてですが、具体的に言えば、わいせつ若しくは残虐な図画や映像又は差別を助長する表現等を使用した広告などのことです。医療機関であれば当然のことかと思います。

(4)については、医療機関が、治療等の内容又は効果に関して、患者自身の体験や家族等からの伝聞に基づく主観的な体験談を、当該医療機関への誘引を目的として紹介することを意味しますが、こうした体験談については、個々の患者の状態等により当然にその感想は異なるものであり、誤認を与えるおそれがあることを踏まえ、医療広告としては認められません。

患者さんの感想は「個人の感想」なので、それを病院の広告に掲載してしまうと、全員が同じ効果を得られると誤解されてしまうから禁止、という意味です。

必ずしも同じ効果が得られるとは限らないのが医療であり、効果やその後の経過などは個々の症状などにもよるためです。

ビフォーアフター写真は広告禁止なのか

(5)については、いわゆるビフォーアフター写真等を意味するものです。個々の患者の状態等により当然に治療等の結果は異なるものであることを踏まえ、誤認させるおそれがある写真等については医療広告としては認められません。

また、術前又は術後の写真に通常必要とされる治療内容、費用等に関する事項や、治療等の主なリスク、副作用等に関する事項等の詳細な説明を付した場合についてはこれに当たりません。

さらに当該情報の掲載場所については、患者等にとってわかりやすいよう十分に配慮し、例えば、リンクを張った先のページへ掲載することや、利点や長所に関する情報と比べて極端に小さな文字で掲載することは禁止です。

つまり、ビフォーアフターの写真が全面的に禁止なのではなく、通常必要とされる治療内容、費用等に関する事項や、治療等の主なリスク、副作用等に関する事項等の詳細な説明を近くに入れてくださいよ、という意味になります。

手術をされている医院では、手術前後の実績などを入れたいと考えるのは自然なことかと思いますが、ただ写真を掲載するだけでは禁止になりますが、患者さんのことを考えて説明をしっかり入れましょう、と解釈いただいたらよいかと思います。

医療広告ではキャンペーン的なものは禁止されている

その他、医療機関として相応しくないものとして、次の表現も禁止とされています。

ア 品位を損ねる内容の広告
- 費用を強調した広告
- 提供される医療の内容とは直接関係ない事項による誘引
- ふざけたもの、ドタバタ的な表現による広告

イ 他法令又は他法令に関する広告ガイドラインで禁止される内容の広告
- 医薬品医療機器等法
- 健康増進法（平成 14 年法律第 103 号）
- 景表法
- 不正競争防止法（平成 5 年法律第 47 号）

こちらも医療広告ガイドラインに具体例があるので、ご確認お願いします。

広告することをあきらめない

ここまで書くと、もう広告するのをやめておこうという気持ちになるかもしれません。しかし、マーケティングでもお話ししましたが、患者さんに知っていただくことが大切なので、そのためには広告することを諦めないようにしましょう。

また、医療広告ガイドラインによると、医療広告とは見なされないものの具体例は以下のとおりですので、次の⑴～⑸に関しては、表示項目の規制はないもので、十分に活用していきましょう。

⑴学術論文、学術発表等

学会や専門誌等で発表される学術論文、ポスター、講演等は、社会通念上、広告と見なされることはありませんが、学術論文等を装いつつ、不特定多数にダイレクトメールで送る等により、実際には特定の医療機関（複数の場合を含む）に対する患者の受診等を増やすことを目的としていると認められる場合には、広告とされます。

⑵ 新聞や雑誌等での記事

新聞や雑誌等での記事は、原則として、広告に該当しないものですが、費用を負担して記事の掲載を依頼することにより、患者等を誘引するいわゆる記事風広告は、広告規制の対象となります。

⑶患者等が自ら掲載する体験談、手記等

自らや家族等からの伝聞により、実際の体験に基づいて、例えば、A病院を推薦する手記を個人Xが作成し、出版物やしおり等により公表した場合や口頭で評判を広める場合についてです。

この場合には、個人XがA病院を推薦したにすぎないため広告とはなりません。ただし、A病院からの依頼に基づく手記であったり、A病院から金銭等の謝礼を受けていたり又はその約束がある場合には、広告として取り扱うことになります。

また、個人XがA病院の経営に関与する者の家族等である場合にも、病院の利益のためと認められる場合も同様です。

⑷院内掲示、院内で配布するパンフレット等

院内掲示、院内で配布するパンフレット等はその情報の受け手が、通常、

既に受診している患者等に限定されるため、情報提供や広報と解されます。

⑸医療機関の職員募集に関する広告

医療機関に従事する職員の採用を目的としたいわゆる求人広告は、通常、医療機関の名称や連絡先等が記載されていますが、医療広告ではありません。

院内掲示、院内配布を活用して、既存患者さんのファンを増やす

以上のことから、⑷院内掲示、院内で配布するパンフレット等については取り組みやすいのではないでしょうか。

⑵については、新聞や雑誌などから取材の申し込みがあった場合ですが、医院が有名になれば、十分にありえる話かと思いますので、院長先生のブランド力アップのためにもご検討いただくのもよいかと思います。

ただし、取材と言いながら有料のものを提案されることがあるので、注意してください。

さて、以上のように、医療広告ガイドラインについて見てきましたが、医院運営のためには、毎月ある一定の宣伝広告費は必要とお考えください。

ブランド力があり、すでに多くの患者さんが、既存患者さんからのご紹介で来院される場合は、宣伝広告費は少なくなるでしょうが、すべてを紹介に頼ってしまうことも、医院にとっては危ういことです。

医院によっては、ＳＥＯ対策、ＭＥＯ対策などにも取り組まれているかと思いますが、費用対効果を分析して、患者１人あたりいくらで獲得できているのか、など注目して、常に検証し続けることが重要です。

たとえ専門業者さんに依頼していても、丸投げせず、費用に対して、どれだけ効果が出ているのかを注視していきましょう。

以前、ある業者さんにＳＥＯ対策をしてもらいましたが、途中から「医療は難しいですね」と言い訳が多くなり、しばらくして自ら契約を打ち切った方もいました。

定期的な報告、ミーティングは欠かさないようにしましょう。

SNS（X/Facebook/Instagram/LINE）の活用

いまの日本において、生活する上でスマートフォンは手放せないものと

なっています。

年代を問わず多くの方が持っており、2010年～2024年一般向けモバイル動向調査によりますと、15～19歳の男性97.3%、女性98.1%で、一方、70歳～79歳の男性92.9%、女性91.9%となっています。

医療の世界でも診察券のアプリケーションやLINE予約など、スマートフォンを活用したシステムが増えています。

これだけ多くの方がスマートフォンを利用しているので、医院としても無視するわけにはいきません。患者さんが来院しやすいように、そのハードルを下げる意味でもSNSの活用も検討してはいかがでしょうか。

もちろんSNSでの発信も、先ほどの医療広告ガイドラインのルールを守る必要がありますので、発信する際には十分気をつけてください。

では、SNSの情報発信は誰が担当するのか、ということですが、基本的には院長先生をリーダーとして院内スタッフで役割分担をすることが多いかと思います。

しかし、院内スタッフに役割分担する際、あまり説明がなされないままスタートしている医院もあるように見受けられます。

「○○先生がよいと言っていたので、スタッフみんなにお願いします」とか「明日からやりましょう」だけで、発信の意図、ルールなどがないままスタートしているという状況です。

スタッフにとっては、医療広告ガイドラインの理解をしないまま発信してしまい、知らぬ間にガイドライン禁止事項を掲載する、このようなことであっても、その責任は院長先生にありますので、情報発信をスタートするにしてもしっかりと準備をしてからにしましょう。

なお、医院ブログ、スタッフブログ、など「ブログ（ウェブ上の日記）」が流行った時期もありましたが、現在、あまり続いている医院はありません。

ブログは、ほとんどが商用（仕事用）では使えないことも多く（ある程度は黙認していることもあるようですが）、またネタ切れを起こす、何を書いていいのかわからない、個人の感想と医院の意見とが混ざってしまう、などから継続するのが難しく、病院や医院のブログを確認すると最終更新日が数年前ということもあります。

SNS の活用の現状を知る

現在、多くの医院で活用されているのが Instagram と LINE です。X（旧 Twitter）は、匿名性が高いのですが、文章だけの発信なので誤解をされることもありますし、匿名が故に強い非難を浴びる可能性があります。

また、拡散力がある（リプライ機能がある）ので、誤った情報が多くの方に拡散されて、炎上することもあり得ます。

X を閲覧すると、匿名で医療従事者が愚痴を吐く、また本音で言うことが多いので、院長先生の情報収集の 1 つとして活用できそうですが、使用されている方も個人発信が主になっています。

Facebook は、基本的に実名ですが、個人でお仕事をされている方の登録が多いので、一般の患者さんに向けて発信するには少し難しい傾向にあります。また発信元も実名登録が原則になるため、スタッフ個人の名前で医院の情報発信をするのは、個人情報保護の観点からもおすすめはできません。

そのようなことから、Instagram と LINE を活用することが多くなっています。

まず、Instagram ですが、画像や動画の投稿に特化しているので、視覚に訴えかける媒体と言えます。ユーザーは、男女とも利用していますが、女性がやや多いです。

年代でみると、10 代、20 代の若年層が多いですが、40 代くらいまでは幅広く利用されていて、逆に 50 代以降になると少ないです。

Instagram は、画像や動画の投稿になるので、視覚的に広告できる診療科目であれば、十分活用できるかと思います。院内には個人情報が多いので、撮影の際には、気を付けていただきたいのですが、院内の様子、治療の様子、院長先生の写真と思いの発信など、医院によって内容はさまざまです。

どんな患者さんに届けたいのか、ターゲットを意識して、「定期的に」投稿できるようにしましょう。

ハッシュタグを利用して少しでも拡散、検索されやすくすることも重要です。ただし、X までの拡散力はないので、来院されている患者さんに登録を促して、医院のお知らせや取り組みなどを投稿して、その患者さんに周囲にシェアしてもらえるようにしましょう。

LINE は「LINE 公式アカウント」で発信する

次に、LINE ですが、その広がりは言うまでもなく、何よりも幅広い年代に活用されています。ただ、医院として活用する場合は「LINE 公式アカウント」で行うことのほうがよいかと思います。

個人で LINE を使用している方はイメージできるかと思いますが、手軽に会話ができる分、仲間内や同窓生などはよいとしても、あまり関係性が強くない人に自分の LINE を知られたくないということはありませんか。

その点、LINE 公式アカウントは、個人のアカウントではなく、店舗や企業がビジネス用に利用するものになっているので、発信する個人が特定されません。友だち追加された方にメッセージが送れるのは、一般の LINE と同様ですが、最大の特徴は開封率です。

LINE 公式アカウントのサイトによると、約 80%が発信した当日に開封しているようです。その他、LINE 独自のスタンプはもちろん、アンケート機能などもあるため、医院のイベントをお知らせすることも可能ですし、いろんなマーケティングを実行することも可能となっています。

こちらも来院された患者さんに、友だち追加してもらうことで、広告しやすくなるので、院内でＱＲコードを掲示したり、案内を配布したりする医院さんが多いです。

SNS の活用のまとめ

まとめですが、Instagram も LINE も、既存患者さんのファンづくりのためのものが基本となるかと思います。

新患をどんどん呼び込むため、というのは正直難しい点があるのと、広告規制のことを考慮すると「誘引性」がある時点で、規制対象になってしまう（どこの医院かわかってしまう時点で、すでに「特定性」があるため）ので、誘引性がない広告にすることの方が、メリットがあるからです。

とはいえ、毎日のように「売り込み」のようなメッセージばかり配信していると、友だちから外されたり、ブロックされたり、メッセージが開封されなくなったり、ということもありえます（LINE でスタンプがほしいために、友だち追加したけど、キャンペーンのお知らせばかり来て、ブロックしたアカウントはありませんか)。

医院のブランド力を下げてしまうだけでなく、患者さんとしても来てもらえなくなるので、押し売りにならないように、配信する時間なども、患者さんのことを意識して、取り組んでいくようにしましょう。

【コラム③】患者さんが来ないことには医院もやっていけない——

ここまで、マーケティングや経営数値、経営戦略、広告のことをお伝えしてきました。医療の世界では、あまりこのようなことを今まで意識してこなかった医療機関も正直多いかと思います。他業種では、広告宣伝は当然で、戦略を組んで、どのように営業していくか日々会議や検討を重ねています。

繰り返しますが、医院も1つの企業体なので、売上が立たないと、経営としては成り立ちません。　医院の売上は主に診療報酬なので、患者さんを診療して初めて成り立つものです。

院長先生の中には「よい診療をすれば、患者さんは自然に増える」とお考えの先生がおられるかもしれませんが、現代においては、それは夢物語と言わざるをえません。

患者さんは、院長先生の診療の腕に満足しているから来院しているのではありません。繰り返し来院する理由についてのあるアンケート調査によると、上位は「医師が話を聞いてくれる」「受付さんが優しい」「看護師さんが寄り添ってくれた」などで、「医師の診療がよいから」は20位以下、という結果があります。

したがって、医療機関としてよりよい医療を提供するのは「当たり前」のことであって、それを以て有利になることはない、ということです(これは、医療の質は落としてよい、ということではありません。患者さんが気にしているのは、そこではありません、という意味です。ご注意ください)。

また時代の流れで、インターネットがこれだけ発展したために、先に念入りに調べたいという欲求が増えたことも確かです。

患者さんが気にするのは、やはり院長先生です。院長先生がどんな顔で、どんな考えを持っていて、どんなキャラクター(すぐ怒らない先生か、など)なのか、などを知りたいと思っています。

複数の院長先生に、患者さんが気にすることについてお話ししたことがありますが、「誰も私の顔なんて興味ないでしょ」と反応する院長先生も一定程度いらっしゃいます。

その結果、ホームページには、挨拶文はあるものの、院長先生の顔はなく、どんな雰囲気なのか、どんな思いがあって診療しているのか、全く見えない医院があることも事実です。極論を言えば、「私にお任せください」という院長先生としての覚悟がない、と言われても仕方のないことです。

私が医療に関わるようになって調査する中で、医院独自のホームページを持っている医院はまだ少ないように感じます。

国が作成している「医療情報ネット（ナビィ）」や、病院探しができるポータルサイト（「病院なび」や「医者どこネット」など民間が作成しているサイト）があるので、特に問題がないとお考えの先生もおられるかもしれませんが、院長先生の色を出して、独自に発信するためには、医院独自のホームページを持つことを検討していただきたいと考えています。

先ほどもお伝えしたように、患者さんは医院のことを先に調べて、自分やご家族のお困りの症状を何とかしてもらえるかどうかを期待して来院されます。Google 検索などを行った結果、医院独自のホームページがないと、それだけで選択肢から外れることも多くなってきています。

他にも、

・ホームページはあるがとても古い（20 年以上前につくったまま）

・スマートフォンで見にくい（いわゆるレスポンシブ対応していない）

など、今はパソコンよりもスマートフォンで探していることも多いので、ホームページがあったとしても、とても見にくくて離脱する（ホームページを閉じられたり、異なるページに移ったりする）ことになってしまいます。

また医院の規模によっては、広告担当を専任で雇用している医院もあります。

ホームページがあるからといって、爆発的に急に患者さんが来るわけではありませんが、選ばれる医院としては最低限のことになりつつあります。ＳＥＯ対策やＭＥＯ対策などの取り組みも必要です。

＊ＳＥＯとは、Search Engine Optimization（検索エンジン最適化）の略です。

検索エンジンとはGoogleのようにキーワードを入れて検索するサイトのことで、要するに検索キーワードを入れた際に、自院のサイトが上位にくるように対策することをＳＥＯ対策といいます。

Googleは検索上位になるのは、一定のルール（ただし、ルールは定期的に変更されます）があるので、ある程度専門知識も必要になります。院長先生も、例えばレストランを探すときに、「大阪市　和食」などと探すのではないでしょうか。その際に出てきた検索結果ですが、院長先生は何ページまでご覧になりますか。おそらく、1ページか2ページまでで、お店を選ぶのではないでしょうか。医療も同じことがいえます。

そのため、上位表示されることが重要だと言えるのです。

＊MEOとは、マップエンジン最適化（Map Engine Optimization）のことです。Google検索やGoogleマップ上で場所について検索するローカル検索（先ほどの「大阪市　和食」も地域について調べています）を行ったときに、自院のビジネス情報を上位表示させるための対策のことです。

表示されるビジネス情報は、Googleマイビジネスへの登録情報をもとに作成されます。SEOはホームページを持っていなければ行えないのに対し、MEOはGoogleマイビジネスに登録していれば行うことができます。

医院の検索には、居住地域と診療科目で検索していることが多い（例えば「明石市　歯科」など）ので、MEO対策も重要な取り組みの1つといえます。Googleで検索結果や有料広告よりも上位で、地図と合わせて出されるものをご覧になったことはないでしょうか。

以前に比べて、医療だから広告なんて関係ない、は通用しなくなっています。歯科医院は経済上で言うと「レッドゾーン（血みどろの戦い）」に入っており、医院も診療科目によっては同様にレッドゾーンに入っています。経営のことばかり考えたくないという院長先生の思いも多少は理解できますが、開業した先生の大切な観点です。

広告することを諦めず、そして来院していただいた患者さんに満足いただけるような診療、対応を日々忘れずに、医院運営に取り組んでいただきたく存じます。

第４章　医療事務の効率化に向けて

1　電子カルテ／オーダリングシステム

電子カルテであっても残る結果用紙などの保管について

ありがたいことに患者さんが増えれば、それだけ保管すべきカルテも増えていきます。医院にとってカルテ保管は、その場所の問題もあり、順調に患者さんが増えれば増えるほど、頭を悩ませる問題の１つとも言えます。

ある院長先生の会合に、事務局として参加したときにも「カルテ保管場所」のことで、院長先生同士が盛り上がっていました。ある院長先生に「うち、狭いからなあ。な、田中さん」と言われたときは、「狭い」ということに同意していいのか、どう返事してよいものか戸惑いましたが、カルテ保管は医院にとって切実な問題です。

できるだけペーパーレスを目指すとして、電子カルテは可能としても、検査結果の保管などもあるため、カルテ保管方法の運用も、医院の業務効率を左右する重要なものです。

コラム②で述べましたが、カルテ探しに時間を取られたり、紛失騒ぎが起きたりということもありえます。カルテに付随する検査結果などを保管するのであれば、私のおすすめはカルテ番号での管理です。

それも「下２けた」管理です。下２けたのグループをつくり、最新のカルテを、そのグループの右側に入れていきます（図表 48)。

【図表 48　下 2 けたのカルテ保管イメージ図】

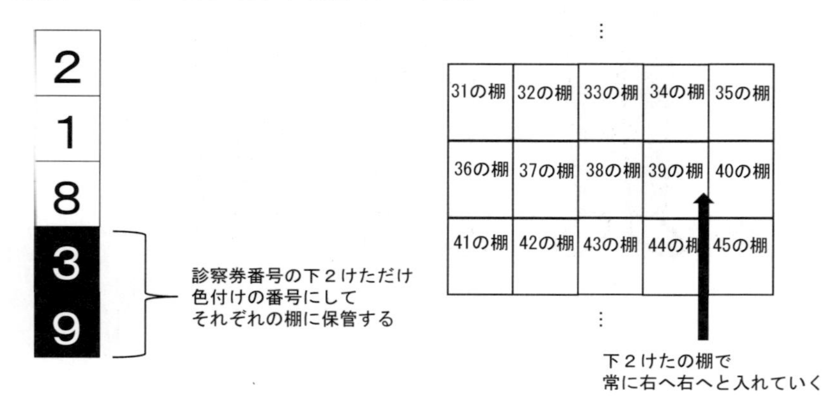

そうなるとどの棚にもバランスよくカルテを収納することができますし、どこにあるか探しやすくなります。

必ずしも強制するものではありませんが、もしカルテ保管でお悩みであれば、このような保管方法を取り入れてみてはいかがでしょうか。紙カルテ保管は「最終来院日から5年」です。

単純な番号順だと、最近来院しているかどうか把握しづらく、廃棄しにくくなり、結果紙カルテが廃棄されないままということもあるので、定期的に廃棄するためにも取り入れてみてはいかがでしょうか。

オーダリングシステムと画像管理システム

次に、検査や処方などの指示を電子的に発行する「オーダリングシステム」の導入や「画像管理システム」の導入についてです。

オーダリングシステムですが、電子的に指示を出すので、ほとんどのメーカーが電子カルテと連動できますし、指示を出す方と受ける方の誤りが防げます。オーダーは、特に部署を跨いでの指示になるので、大きな病院のほうが導入率は高いですが、医院でも導入されているところもあります。職種が多い診療科目では導入の検討もよいかと思います。

画像管理システムは、PACS（Picture Archiving and Communication System）と呼ばれ、デジタル画像を効率的に保存、取得、共有するためのシステムです。

その名のとおり、X線やCTなど画像のデジタル化と一元管理をするためのシステムです。X線などは、以前までフィルム保管が主流で、保管場所の問題や劣化の問題などがあったかと思いますが、デジタル化することで、そのような問題を解決することができます。

また画像について言えば、紹介患者の他院撮影のデータがCDなどに入っており、DICOM（ダイコム）規格で入っていて、DICOMビューワーで見ることができるのも一般的かと思います。

ちなみにDICOMは英語の正式名称の頭文字を繋いだもので、正式にはDigital Imaging and COmmunications in Medicineです。自院でMRIなどを設置していない医院でも、他院で撮影したデータが、DICOM形式で保存されたデータであれば、パソコンで読み込むだけで、その画像データを見ることができます。

もし見ることができなくてもDICOMビューワーは無料でダウンロードできるので、ご安心ください。

このように、医療現場でも欠かせないパソコンですが、

・医療事務業務の効率化
・作業時間削減
・誤りを防ぐ
・紙の量を減らせる

など様々なメリットがあります。しかし、デメリットとしては、

・操作に慣れるまで時間がかかる
・運用コストがかかる
・電気を使用するので、停電時には使えない
・セキュリティーの問題

などが考えられます。

どんなシステムでもそうなのですが、院長先生にとって使いにくいものを使い続けることは、日々の診療に影響しますし、アフターフォローなどサポート体制が自院にあわないものであれば、診療中にトラブルが起きたとき、患者さんにもご迷惑をおかけします。

システムの導入にあたっては、よく比較検討し、メリットばかり強調する業者さんには、十分注意したいものです。デメリットや不測の事態のとき、どのような対応をしてもらえるのか、フォロー体制などをぜひ確認しておきましょう。

国によるDX化の流れ

さて2024年6月の診療報酬改定では、「医療DX推進体制整備加算」（図表49）が新設され、国も医療機関において、DX化を図るように推し進める方向性になりました。2024年10月にはこの加算がさらに変更され、156頁の図表49のようになりました。医療業界は遅れ気味といわれてまだまだですが、患者さんの利便性を高めることにつながることを期待しております。

【図表 49　医療 DX 推進体制整備加算】

オンライン資格確認により取得した診療情報・薬剤情報を実際に診療に活用可能な体制を整備し、また、電子処方箋及び電子カルテ情報共有サービスを導入し、質の高い医療を提供するため医療 DX に対応する体制を確保している場合の評価を新設する。
（新）医療 DX 推進体制整備加算 8 点
（新）医療 DX 推進体制整備加算（歯科点数表初診料）6 点
（新）医療 DX 推進体制整備加算（調剤基本料） 4 点
[算定要件（医科医療機関）]
医療 DX 推進に係る体制として別に厚生労働大臣が定める施設基準を満たす保険医療機関を受診した患者に対して初診を行った場合は、医療 DX 推進体制整備加算として、月 1 回に限り 8 点を所定点数に加算する。
[施設基準（医科医療機関）]
(1)　オンライン請求を行っていること。
(2)　オンライン資格確認を行う体制を有していること。
(3)　（医科）医師が、電子資格確認を利用して取得した診療情報を、診療を行う診察室、手術室又は処置室等において、閲覧又は活用できる体制を有していること。
（歯科）歯科医師が、電子資格確認を利用して取得した診療情報を、診療を行う診察室、手術室又は処置室等において、閲覧又は活用できる体制を有していること。
（調剤）保険薬剤師が、電子資格確認の仕組みを利用して取得した診療情報を閲覧又は活用し、調剤できる体制を有していること。
(4)　（医科・歯科）電子処方箋を発行する体制を有していること。（経過措置 令和 7 年 3 月 31 日まで）
（調剤）電磁的記録をもって作成された処方箋を受け付ける体制を有していること。（経過措置 令和 7 年 3 月 31 日まで）
(5)　電子カルテ情報共有サービスを活用できる体制を有していること。（経過措置 令和 7 年 9 月 30 日まで）
(6)　マイナンバーカードの健康保険証利用の使用について、実績を一定程

度有していること。（令和６年 10 月１日から適用）

(7) 医療 DX 推進の体制に関する事項及び質の高い診療を実施するための十分な情報を取得し、及び活用して診療を行うことについて、当該保険医療機関の見やすい場所及びウェブサイト等に掲示していること。

(8) （調剤）電磁的記録による調剤録及び薬剤服用歴の管理の体制を有していること

(出典：厚生労働省保険局医療課発行資料「医療 DX 推進体制整備加算・医療情報取得加算の見直しについて」より抜粋

2024 年 12 月２日の健康保険証の新規発行停止、マイナンバーカードと健康保険証の一体化の流れなどもあり、医療における DX 化はますます進んでいくかと思います。

DX 化にもメリットとデメリットがありますし、マイナンバーカードも全く問題がないとは言いませんが、患者さんの利益のためにも、うまく活用できるようにしたいものです。

医院にとって DX 化のメリット

さて、医院にとって DX 化することのメリットは、先ほども述べましたが、

- 医療事務業務の効率化
- 作業時間削減
- 誤りを防ぐ
- 紙の量を減らせる

など業務効率を上げることで､時間と資源を節約できる可能性が高まります。他にも、待ち時間の軽減、院外で予約が取れる、などのメリットもあるので、残業時間の減少にもつながります。

最近は、職場探しの重要項目に「１月あたりの残業時間」があり、仕事も大切だけど、プライベートの時間も確保したいと考える人が増えています。

実際に、ある歯科医院さんでは、自動精算機、予約システムの DX 化によって、残業時間が大幅に削減されました。院長先生にとっても早く帰宅できることにつながるので、メリットはあるかと思います。

えっ、○○さん今日休みなの？　困ったなあ

また、業務内容がシェアしやすくなるため、「あの人がいないと、仕事が進まない」という状況から脱却できる可能性があります。

医院では、スタッフ数が限られるため、例えば在庫担当は○○さん、というように1名だけのことが多いです。

もし1名担当制だと、その方がお休み、あるいはケガや病気によって長期休暇となると、他のスタッフは大変なことになります。

「注文しているかどうか、○○さんでないとわからない」「どこに置いているのか、○○さんでないと探せない」などのことが生じます。

これを「業務の属人化」といいます。属人化がすべて悪いわけではなく、あるプロジェクトの立ち上げや業務マニュアルの作成などは、適している担当者に任せるほうがよい場合もあります。

その後、業務について全体にシェアするために、マニュアルを仕上げたり、他スタッフの業務レベルを上げたりするためにも、2名担当制にするなど属人化から離れる必要があります。

特にマニュアルは、いままで紙のマニュアルが多かったのですが、最近は動画マニュアルを作成し、それをスタッフ内のみで共有できるシステムにアップロードする（YouTubeで「限定公開」設定をすれば、URLを知っているスタッフだけで共有可能）という医院さんもあります。

診療予約に関しても、今までは医院に来ないと予約が取れない、診療時間外では電話をしても予約が取れないなど、せっかく予約を取って来ようとしてくれている患者さんを逃すことにもなっていました。これはビジネス上「機会損失」と言って、非常にもったいないことです。

最近は、インターネットで24時間予約が取れるシステムも出てきており、お仕事で忙しい人でも予約が取りやすくなっています。これは医院にとっても大きなメリットです。

デジタルの世界では、データの劣化というものがほとんどありません。また、紙のように量が増えても重くなるものでもありません。自院に合ったDX化を進めて、スタッフにも患者さんにも優しい取り組みをしていきましょう。

2　院内のDX化（自動釣銭機／自動精算機／在庫管理）

新型コロナウイルスの影響

さて、先ほどからDX化について述べていますが、その大きな転換点は、2019年から世界中に広まった新型コロナウイルス感染症です。歴史上、猛威を奮った感染症は今までもありましたが、2023年5月に感染症法上の第五類へ移行されるまで、世間を大きく賑わせることになりました。

約3年半もの間、私たちの大きな関心事は、新型コロナウイルス感染症のことだったかと思います。新型コロナウイルスは、私たちに実に様々なことをもたらしました。

「3密」という言葉も出てきたように、集まること、特に多くの人で集まることを避け、学校や会社にも行けなくなり、人と人のコミュニケーションが薄れていきました。

ある調査によると、人の関わりが減ったと感じるのは70%以上にも上ったそうです。医院においては、不安な患者さんが院長先生にその気持ちを訴え、でも院長先生もどう答えていいのかわからず、70歳代の院長先生は「私のほうが患者さんよりリスクが高いわ」と、新型コロナウイルスに怯えていました。

対人業務(飲食、アパレル、ウェディング、イベントなどの職種)が業務縮小、業務停止したため、医院での無資格者の採用は、募集をかけるとすぐに集まってきました。新型コロナウイルスに強い業種は何かと考えた結果、多くの人が医療に目を向けました。

人と人の接触を減らすだけではない効果

新型コロナウイルス感染症の影響で、「他人との接触をできるだけ避ける」ということが広がったので、自動釣銭機や自動精算機が医院でも取れ入れられ、一気に導入が進みました。ある取扱業者さんにお聞きすると「注文から導入まで数か月かかり、問い合わせが止まらない」とのお話もありました。

さて、自動釣銭機ですが、あくまでも「釣銭」の計算を行うものなので、電子カルテやレセコンと連動はできますが、ほとんど単体では使うことはできません。

電子カルテやレセコン上で請求額が確定したら、スタッフ側で金額を入力し、そこから患者さんにお金を払ってもらうという流れです。機種によって機能はさまざまですので、導入にあたっては、比較検討をしてみてください。

最大の利点は、お釣り間違いが劇的に減るので、診療後のレジ締め作業の時間短縮になります。また、患者さんとの接触を減らす意味でも、スタッフにとっても患者さんにとっても、感染リスクを減らせることです。

10年以上前ですが、私が在籍していた医院でも、レジ締め時にお金があわず、なかなか帰れないこともありました。その日のレジロールをすべて出して、日計表と照らし合わせて、誰の会計がずれたのか、お釣りを渡し間違えたのか、などを原因究明していたことを覚えています。

その時間がほぼなくなるので、残業時間も減りますし、早く帰れるので電気代など光熱費の節約にもなります。導入するメリットは大きいと思います。

一方、自動精算機ですが、こちらは自動釣銭機をさらにパワーアップしたイメージです。自動釣銭機では、金額確定のためにスタッフが必要なことが多いですが、自動精算機では、必要なバーコードなどをお渡しした後は、ほとんど患者さんにご自身で精算していただく形になりますので、スタッフの案内があまり必要ないことです。

導入してしばらくは、使い方の説明で患者さんが迷っておられたら、その際はご案内が必要になる場面もあるかと思いますが、新型コロナウイルスの影響で、他業種も自動対応のレジが増えてきているので、高齢者の患者さんもあまり抵抗なく使っておられることが多いです。

大変便利な自動精算機ですが、導入コストは大きくなりますので、キャッシュフローと相談して、導入時期などを検討してみてください。

なお、中古での購入を検討する場合は、新型500円硬貨や2024年の新札への対応などが必要か、なども確認しましょう。対応する場合は、だいたい有償対応になるので、その点もご注意ください。

最後に、在庫管理についてもお話しします。医院運営数値のところでもお話ししましたが、在庫は多すぎると医院経営を圧迫しますが、逆にいつも在庫がギリギリだと必要な診療ができないことにつながるので、院長先生としては、ついスタッフに「在庫切れがないように自分たちでどうにかして」と叱ることもあるでしょう。

ただ、在庫管理担当を置いたとしても、在庫管理担当専属というわけにはいきませんから、日常業務をしながらになりますので、気づいたときには在庫ゼロということも発生しがちです。

もっとも、在庫管理システムを導入するにも、今までは医療機関でいえば病院が導入するような大きなシステムが多かったので、高額ですし、そこまで大がかりなものであれば、自分たちで何とかするかということも多かったと思います。

最近は、医院向けに在庫管理できるシステムも増えてきており、十分に検討の余地はあるかと思います。特に医院での在庫は、数量もそうですが、使用期限も重要なので、その両方を管理できるシステムであることがポイントです。

今までとは違う人数でのオペレーションを考える

新型コロナウイルス感染症が第五類に移行したことで、対人業務（飲食、アパレル、ウェディング、イベントなどの職種）が、以前のように業務が再開したことで、人材募集が積極的になり、大規模な採用活動が行われるようになりました。

時給も最低賃金からかなりプラスしている会社さんも多く登場し、逆に医療では人材不足（特に無資格者）が目立つようになりました。

加えて、労働力人口の減少もあり、今までと全く同じ人数で医院運営をすることが難しくなるのは明白です。採用活動を強めて、スタッフ増員ももちろん１つの方法なのですが、今までよりも少ない人数でのオペレーションを考えることも必要になってきたと言えます。

ただし「人数を減らします」だけでは、スタッフからの反発もあるかと思います。「こんなに忙しいのに、少ない人数でやれと言うことですか」と反応することがほとんどです。今までと同じやり方では難しくなるので、スタッフの意見を聞きつつも、最終的には院長先生判断になるかと思いますが、今後の医院運営にも影響しますので、現実的なオペレーション組みをしてみてください。

補助金、助成金の活用も視野に

あとは、利用できる補助金や助成金の活用も視野に入れましょう。ただ、補助金は、国もお金がなくなってきているので、要件が厳しくなってきています。専門家と連携して、うまく活用することも経営上、必要なことです。

ちなみに補助金とは、事業そのものに関連して出されるもので、主に経済産業省や地方自治体の管轄になるので、税理士さんに相談するとよいです。

一方、助成金は主に厚生労働省の管轄になるので、社会保険労務士さんに相談するとよいです。税理士さんと社会保険労務士さんが同じグループにいる場合もあるので、その場合は両方相談できることもあります。

助成金は要件が満たされておれば、ほとんど受給できるので、書類作成等は時間も手間もかかりますが、ぜひ挑戦してみてください。

以前、ある院長先生に「補助金だか助成金だか、よくわからないけど、私は国の施しは受けない」と言われたことがあります。

補助金や助成金は、国からの施しではありません。医院から税金を納めたり、雇用保険を納めたり、それらのお金から予算に応じて出ているものですので、要件にあてはまり受給できるものは受給しても何の問題もありません、とお返事しました。

「そんなものに頼らなくても経営できる」というお気持ちは、とても頼もしいのですが、うまく経営している院長先生は、補助金や助成金を受給して、医院経営に活用しています。ぜひご検討ください。

3　予約管理

時間予約か順番予約か

患者さんの来院予約は、どうされていますでしょうか。歯科や小児科などは、来院時間を決める予約、つまり時間予約が中心で、内科や耳鼻咽喉科などは診察の順番を決める予約、つまり順番予約が中心になっています。

予約の設定は、その診療科や地域性、取り組みにより変わってきます。医師の診察は順番予約、予防接種は時間予約など混在している場合もあります。

開院して間もなく、患者さんが少ないうちは予約システムまでは導入する必要性はあまりないかもしれませんが、感染リスクが伴う呼吸器内科などは、開院当初から予約システムを導入することで、医療機関の滞在時間を減らせると患者さんの安心につながるので、と開院当初から導入されている医院さんもあります。

第2章の待ち時間対策でもお伝えしましたが、医院でも予約システムの導入が進んでいます。あるデータによりますと、現在の導入率は約20%から25%程度です。歯科医院は、基本的にアポイントを取っていかないと成立しませんが、以前主流だった紙台帳のアポイント帳からデジタル化されてきていますので、もう少し導入率は高いかもしれません。

できるだけ医院にいる時間を減らしたい患者さん

なぜこのようなことをお伝えするのかと言いますと、医院はこれからますます競争の時代に入ってきますが、予約が院外から取れるかどうか、という点も医院を選ぶ大切な事項になっているということです。

例えば、急にお子さんが熱を出して近くの医院を探すとき、ほとんどの親御さんがスマートフォンで探しています。そして可能であれば、先に順番を取るか、時間を決めた予約を取るか、ということができれば、安心して連れていけると考えています。

新型コロナウイルスの影響で、できるだけ長く医院にいたくない、あるいは熱で苦しむ子どもを院内で長く待たせたくないというのが本音です。

以前までは電話で問い合わせをして「医院に来て順番を取ってください」という対応が中心でしたが、「医院に行けるくらいなら、とっくに行っています」という気持ちです。

緊急時はお電話ください、という医院が多いのは、他の人の予約があっても何とか合間で診てあげたい、という医院の姿勢だと思いますので、すべてを予約システムだけにするのは、緊急時対応ができないので、電話での対応を残しつつ、予約システムで患者さんの利便性を高めるためと考えていただきたいと思います。

予約方法の検討

予約を取る方法も変わってきています。以前は電話予約が中心でしたが、インターネットやスマートフォンの広がりで、院外からインターネット予約、という医院も増えてきました。システムによっては、問診票もあらかじめ入力できるので、来院して比較的待ち時間が短くできるようになっている医院もあります。

高齢者が多い内科や整形外科などは、予約システムの導入を躊躇するところも多いのですが、高齢者もスマートフォンの保有率は増えていますし、医院に直接来て予約が取れる方法も残しておけば、問題ないかと思います。

ある内科の院長先生は、ウェブ予約の取り方などを１年くらいかけて、患者さんに説明しながら導入した結果、患者さんの約８割がウェブ予約を取って来院するようになったそうです。高齢者が中心だからと諦めずに、スタッフなどの力も借りて患者さんに丁寧に説明してきた結果です。

内科としては珍しい、時間予約を採用しているのですが、待ち時間が少なくて、診察に行きやすいとのことで患者さんが増えています。院長先生も、どんな患者さんが来るか事前にわかるからストレスが減ったとのことです。スタッフも残業時間の減少、診察準備のしやすさなどをメリットとして挙げておられました。

予約形態も予約の取り方も、医院によって様々ですし、来られている患者層にもよると思います。どのシステムが正解、というのはありませんが、医院の成長度に合わせて、待ち時間が長い、残業時間が増えてきている、などが発生してきたら、検討の余地はあるかもしれません

自費診療の予約管理

インフルエンザ予防接種や健康診断など、自費診療に関しては、その準備のために予約制がほとんどかと思います。今までは電話予約、来院予約が中心

でしたが、こちらもウェブで予約を取れる医院も増えています。

2024年10月からは新型コロナワクチンの定期接種が有料になり、話題になりました。いろんな院長先生から「うちでも新型コロナワクチンの接種に取り組んだほうがいいのか」という相談が寄せられました。

自費診療で来院される場合は、待ち時間に特に注意すべきです。保険診療の一部負担金よりも高額な負担になっていることが多いので、「高いお金を出すのに、なぜこんなに待たせるのか」という患者さん心理が働きます。

医院としては、特にえこひいきや意地悪をしているわけではないのですが、患者さんの心理としてこのように考えている場合があると理解して置くほうがいいと思います。

自費診療の割合が多い婦人科でも、同様のことが起こりえますが、治療の選択肢としてどうしても自費になる場合、あるいは患者さんが希望して自費になる場合があるので、他診療科よりは穏やかかもしれません。

美容系医院や審美歯科の場合は、治療ではなく、より美しくなることが目的なので、患者さんが体調不良で困っているわけではありません。そのため待ち時間にはもっとシビアになるかと思います。

以上のように、自費診療と言っても、その内容によって待ち時間や予約の取り方などにばらつきがあります。スムーズに来院していただくための方法は、患者さんの通い方（自宅に近いのか、職場帰りに寄りたいのかなど）にもよりますので、マーケティング戦略と同時に、その取り組みについて考えてみてください。

4　国の方策による新しい取り組み

オンライン資格確認

2023年4月に原則、義務化されました「オンライン資格確認」ですが、導入当初はトラブルが連発し、受付が大混乱しました。月初めには資格確認が集中し、資格確認ができないという事例も発生しました。資格情報が誤って登録されているケースもあり、実際に厚生労働省もサイト上で図表50のように報告しています。

【図表 50　オンライン資格確認における資格情報の誤登録について】

オンライン資格確認における資格情報の登録に当たっては、一部の保険者において、資格情報を登録する際に別の方の個人番号を誤って紐付ける事案が発生したことを受け、全保険者による点検作業を実施するとともに、入念的な取組みとして、医療保険者の中間サーバーに登録済みのデータ全体について住民基本台帳の情報との照合（J-LIS 照会）を行い、一定の不一致があったものについては、閲覧停止措置を講じたうえで、令和６年４月までに、保険者等による必要な確認作業を実施しました。

また、新規の紐づけ誤りを防止するための取組みとして、令和５年６月に
・資格取得の届出における被保険者の個人番号等の記載義務を法令上明確化
・やむを得ず保険者が J-LIS 照会して加入者の個人番号を取得する場合には、必ず５情報（漢字氏名、カナ氏名、生年月日、性別、住所）により照会を行うこと明確化
するとともに、令和６年５月７日より、保険者が資格情報を登録する際に、全てのデータについて J-LIS 照会を自動的に行う仕組みを導入しました。

引き続き、保険者による迅速かつ正確なデータ登録を徹底してまいります。

（出典：https://www.mhlw.go.jp/stf/newpage_33112.html より抜粋）

オンライン資格確認等システム導入の意味

厚生労働省の資料によると、オンライン資格確認等システムの導入の本来の意味は、次のとおりです。

① 医療機関・薬局の窓口で、患者の方の直近の資格情報等（加入している医療保険や自己負担限度額等）が確認できるようになり、期限切れの保険証による受診で発生する過誤請求や手入力による手間等による事務コストが削減できます。

② またマイナンバーカードを用いた本人確認を行うことにより、医療機関や薬局において特定健診等の情報や診療 / 薬剤情報を閲覧できるようになり、よりよい医療を受けられる環境（マイナポータルでの閲覧も可能）となるとのことです（図表 51）。

【図表51　オンライン資格確認イメージ】

1．オンライン資格確認とは ～ 資格確認は保険制度の基本 ～

オンライン資格確認では、**マイナンバーカードのICチップ**または**健康保険証の記号番号等**により、オンラインで資格情報の確認ができます。

令和3年3月からマイナンバーカードを持参し、保険資格の確認をする患者が増えてきます。全ての患者が診療等を受けられるよう準備をお願いします。

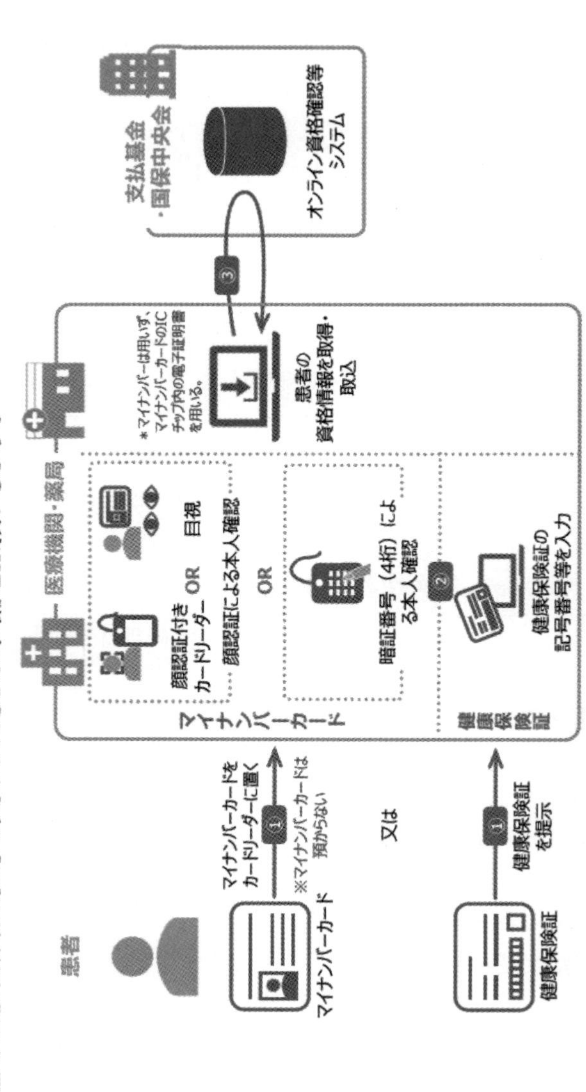

（出典：https://www.mhlw.go.jp/stf/newpage_08280.html より抜粋）

つまり、患者さん本人の資格情報が確認できるので、手入力による誤りの返戻や資格喪失後の受診による返戻を防げるので、レセプト業務での負担が減りますよ、ということです。マイナンバーカードでの本人確認を利用すれば、特定健診の結果や診察、投薬等の履歴等もわかるので、患者さんによりよい医療を提供できますよ、ということです。

まだまだ導入が始まったばかりのシステムなので、多少の不具合はあるとは思いますが、使用していかないといけないシステムなので、厚生労働省には、あまりこれ以上医院にお金がかからないようにしてほしいと願うばかりです。

導入後、公費負担の医療証に対応できるようになったので、詳しくはベンダーに相談してくださいとか、生活保護にも対応できるようになりましたので、詳しくはベンダーに相談してください、など、その都度相談するたびに改修費用がかかっていましたのでこれがどこまで続くのか不安を感じます。

マイナ保険証

マイナ保険証とは、マイナンバーカードを医療機関・薬局で健康保険証として利用することができることを指します。利用の際は顔認証付きカードリーダーで受付を行います。顔認証付きカードリーダーを利用することで、これまでよりも正確な本人確認や過去の医療情報の提供に関する同意取得等を行うことができ、よりよい医療を受けることができることを目的としています。

逆に言えば、様々な個人情報の集約ということになるので、盗難、紛失には十分注意しないといけないです。

そもそもマイナンバーとは、何のために導入されたのでしょうか。内閣府の資料を参考にすると、マイナンバーとは、日本に住民票を有するすべての方（外国人の方も含まれます）が持つ 12 桁の番号です。

原則として生涯同じ番号を使っていただき、マイナンバーが漏えいして不正に用いられるおそれがあると認められる場合を除いて、自由に変更することはできないということです。

マイナンバーの利用を広げる理由としては、社会保障、税、災害対策の 3

分野で、複数の機関に存在する個人の情報が同一人の情報であることを確認するために活用されます。

つまり、行政が異なれば、そのつながりはなく、事務作業や確認事項に時間も手間もかかっていたのを、マイナンバーという共通の番号を中心にすれば、何かとスムーズになりますよ、ということです（図表52）。

これを医療に応用したのが、マイナ保険証（マイナンバーカードと健康保険証の一体化）ということです。

患者さん本人の同意は必要ですが、特定健診の結果や診察、投薬の情報が一元管理され、薬の重複や、いまどんな治療を受けていて、どんな病名がついているのか、などを診療を行う医院が把握することで、患者さんに必要や診療を提供できる、ということです。

従来の健康保険証は顔写真がないので、偽造の可能性が高いのに比べて、マイナンバーカードは顔写真あり、暗証番号の必要あり、と他人が使いづらい、偽造されにくいので安心です、ということです。

マイナ保険証の現状

しかし、マイナンバーカードは個人情報の集積であり、日頃から持ち歩くのは不安であり、特にマイナンバーは、目的外で取得することが一切できない（目的を達成するための担当者以外は、番号を見ることさえもできない）ので、慎重にならざるをえません。そのため、マイナ保険証のまだ利用率は12.43%（2024年8月時点）となっています。

国は「マイナンバーカードはセキュリティがしっかりしているので、持ち歩いても安全です」とは言っておりますが、番号そのものを見られる可能性があると思ったら、躊躇してしまうのも当然かと思います。まだ国の役人さんたちも利用率が低いので、様子見といったところでしょうか。

厚生労働省は診療報酬の改定を行い、2024年6月に新設したばかりの医療DX推進体制整備加算を、10月にも改定して、マイナ保険証の促進を図っています（図表53）。

また、医療機関や薬局に対して、マイナ保険証の利用実績に応じて、一時金の支給もありました（図表54）。

【図表 52　マイナンバーの制度の目的と効果】

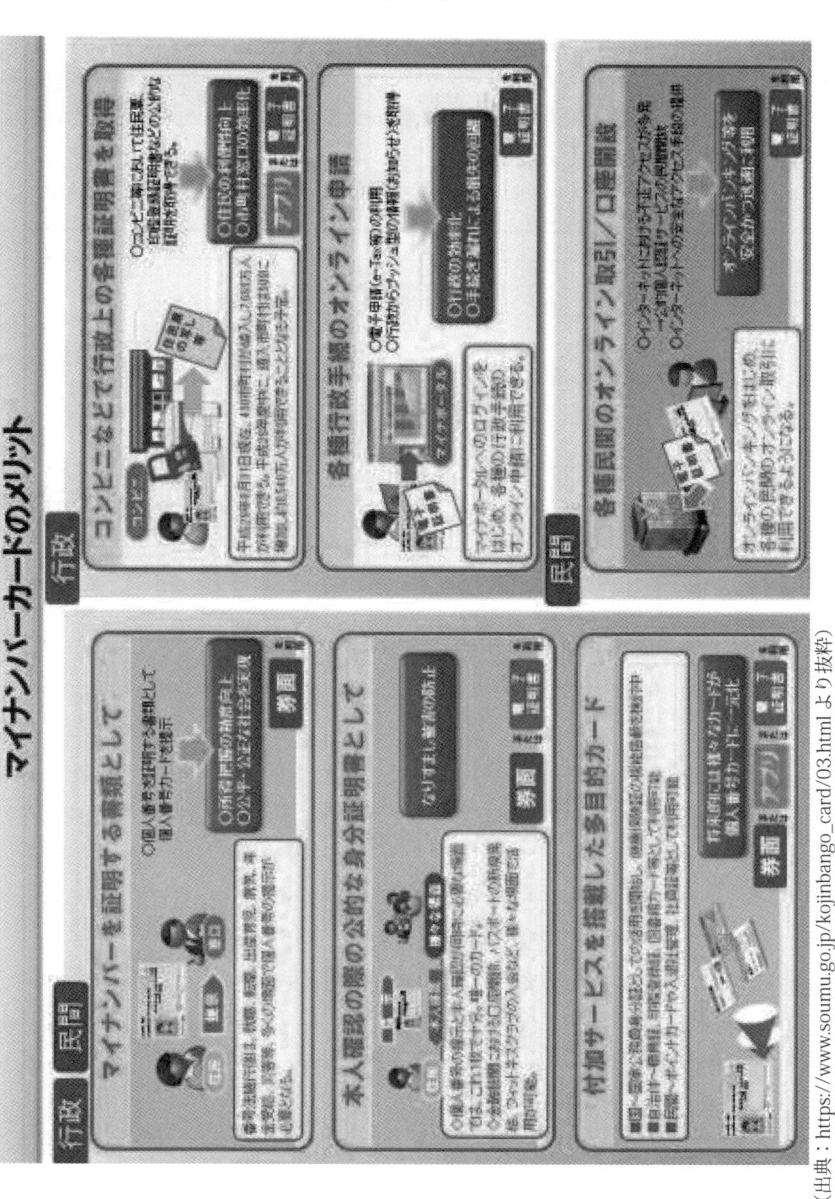

（出典：https://www.soumu.go.jp/kojinbango_card/03.html より抜粋）

【図表 53　医療 DX 推進体制整備加算について】

医療ＤＸ推進体制整備加算の見直し

ポイント
■ 令和６年10月～、マイナ保険証利用率等に応じて、３段階の点数に見直し（＋３点，＋２点）
■ 加算１、２は「マイナポータルの医療情報等に基づき、患者からの健康管理に係る相談に応じること」を施設基準の要件化。

医療ＤＸ推進体制整備加算

令和６年６月～９月

医療DX推進体制整備加算　８点
医療DX推進体制整備加算（歯科）　６点
医療DX推進体制整備加算（調剤）　４点
※初診時に所定点数を加算

[施設基準（医科医療機関）］（要旨）
～中略～
（６）マイナンバーカードの健康保険証利用について、実績を一定程度有していること。（令和６年10月１日から適用）

令和６年10月～

医療DX推進体制整備加算１　１１点
医療DX推進体制整備加算１（歯科）　９点
医療DX推進体制整備加算１（調剤）　７点
[施設基準（医科医療機関）］（要旨）
（６）マイナンバーカードの健康保険証利用について、十分な実績を有していること。
（新）マイナポータルの医療情報等に基づき、患者からの健康管理に係る相談に応じること。

医療DX推進体制整備加算２　１０点
医療DX推進体制整備加算２（歯科）　８点
医療DX推進体制整備加算２（調剤）　６点
[施設基準（医科医療機関）］（要旨）
（６）マイナンバーカードの健康保険証利用について、必要な実績を有していること。
（新）マイナポータルの医療情報等に基づき、患者からの健康管理に係る相談に応じること。

医療DX推進体制整備加算３　８点
医療DX推進体制整備加算３（歯科）　６点
医療DX推進体制整備加算３（調剤）　４点
[施設基準（医科医療機関）］（要旨）
（６）マイナンバーカードの健康保険証利用について、実績を有していること。

5

（出典：厚生労働省保険局医療課発行資料「医療 DX 推進体制整備加算・医療情報取得加算の見直について」より抜粋）

このことが大きくニュース報じられ、「医療機関ばかりにお金が配られるのか」との批判が世間で沸き起こりました。厚生労働省は、なぜ健康保険証を新規発行停止するのか、それはどのようなデメリットがあるのを国として対応するのか、など、国民に対して重要、必要なものであれば。もう少し丁寧に説明をしていただきたいと期待します。

マイナンバーカード保持は、国民の義務ではありません（マイナンバーの番号自体は全国民に付与されています）。しかし、2024 年 12 月 2 日に健康保険証の新規発行停止となる以上、（執筆時点では）全国民はマイナ保険証に集約されていく流れです。

そのため実質的には、全国民が持つものとなる以上、もう少しマイナンバーカードに関する不安点などを丁寧に説明してほしいと期待しています。

【図表 54　マイナ保険証関連の一時金について】

医療機関・薬局の皆様へ

2024年5月～8月の4ヶ月間のいずれかの月の
マイナ保険証の利用人数の増加量
に応じて、一時金を支給いたします

※対象期間を１か月延長しました
※申請は不要です

今まで		見直し内容
支援金の前半期（1月～５月）	→	現行要件での支給
支援金の後半期（6月～11月）	→	集中取組月間（5月～7月）中の一時金制度として見直し ※対象期間は8月まで延長

概要	2023年10月の利用率を起点として、2024年5月～8月のいずれかの月のマイナ保険証利用人数の増加量に応じ、最大20万円（病院は40万円）を一時金として支給いたします ※対象期間を１か月延長しました ※一時金を受け取るための申請は不要です
対象期間	2024年5月～8月の4ヶ月間
支払要件	① 2023年10月から利用人数が一定数増えていること ② 窓口での共通ポスター掲示 ③ 患者さんへのお声かけと、利用を求めるチラシの配布の徹底 ※対象期間中における実施の有無は、「オンライン請求時のポップアップ」、「医療機関等向け総合ポータルサイト」で確認いたします。

一時金を受け取るイメージ：診療所・薬局（給付額の条件は次面の表をご確認ください）

10月時点の数値
レセプト件数　：1,000件/月
マイナ保険証利用率　：4% /月
マイナ保険証利用人数：40人/月

4ヶ月間で一番利用人数が多い月
マイナ保険証利用人数　：200人/月（160人増加）
給付額 **20万円**

2023年10月　2024年5月　2024年6月　2024年7月　2024年8月

ひと、くらし、みらいのために
厚生労働省
Ministry of Health, Labour and Welfare

（出典：https://www.mhlw.go.jp/content/10200000/001259762.pdf より抜粋）

電子処方せん

電子処方せんとは、厚生労働省の説明によると、図表55のようになっています。

【図表55　電子処方せんとは】

> 電子処方せんとは、これまで紙で発行していた処方せんを電子化したものです。
> 「医療機関で患者さんが電子処方せんを選択」し、「医師・歯科医師・薬剤師が患者さんのお薬情報を参照することに対して同意」をすることで、複数の医療機関・薬局にまたがるお薬の情報を医師・歯科医師・薬剤師に共有することができるようになります。
> 医師・歯科医師・薬剤師は、今回処方・調剤する薬と飲み合わせの悪い薬を服用していないかなど確認できるようになり、薬剤情報にもとづいた医療を受けられるようになります。
> 結果として、患者さんは今まで以上に安心して薬を受け取ることが可能となります。

（出典：https://www.mhlw.go.jp/stf/seisakunitsuite/bunya/denshishohousen_kokumin.html より抜粋）

【図表56　電子処方せんのイメージ】

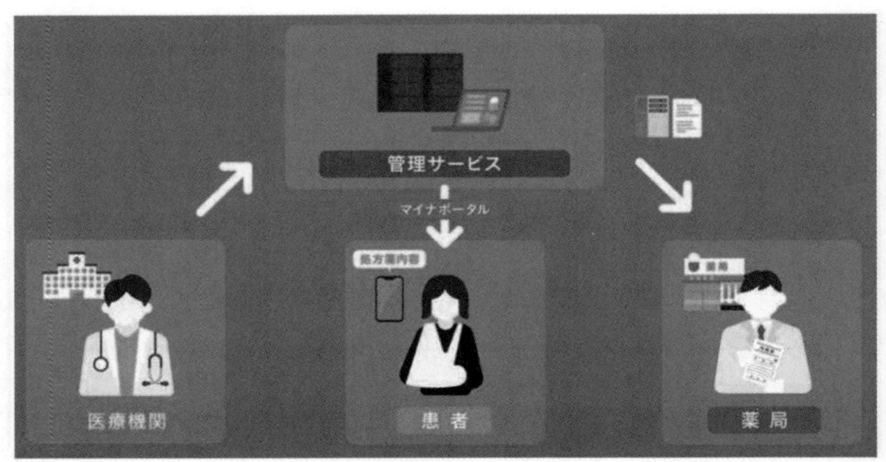

（出典：https://www.mhlw.go.jp/stf/seisakunitsuite/bunya/denshishohousen_kokumin.html より抜粋）

つまり、何が「電子」なのかと言いますと、処方した情報が「電子」であり、管理サービスを通して、医療機関、薬局、患者さんで共有できるサービスということです（図表56)。処方せんが不要になり、勝手に薬局に処方情報が飛んでいく、ということではありません。そもそも冒頭に、

・医療機関で患者さんが電子処方せんを選択
・医師・歯科医師・薬剤師が患者さんのお薬情報参照同意で他の医療者が共有可

とあるので、患者さん全員が電子処方せんでないといけないことではありません。患者さんが従来の処方せん（紙の処方せん）を希望したら、それもありということになります。

また、電子処方せんであっても、薬局へ行く必要は当然あります（勝手に薬局さんが患者さんへ郵送してくれるわけではありませんので、薬の受け取りも必要なので）。

2023年1月26日から運用開始をしておりますが、執筆時点ではまだ導入している医院が少ないので、今後の行方を見守っていきたいと思います。

リフィル処方が2022年から始まっている

なお、お薬のことで言えば、「リフィル処方」も話題になりました。厚生労働省のサイトによると、リフィル処方とは、症状が安定している患者に対して、医師の処方により医師及び薬剤師の適切な連携の下で、一定期間内に、最大3回まで反復利用できる処方せんによる処方（2022年度診療報酬で新設）となっています。ただ「症状が安定している」をどう判断するかということで、急性病名が中心である診療科は慎重になっています。

ある院長先生がリフィル処方について「患者さんが希望したらリフィル処方するけど、これは自分の本意ではない」とお話ししていました。

国の制度なので、リフィル処方しないということはできないですが、患者さんが希望するからそのままOKというわけにはいかないです。あくまでも「症状が安定している」ことが大前提なので、この言葉だけが独り歩きすると、患者さんとトラブルになる可能性もあるので、リフィル処方を希望される患者さんには、丁寧に説明する必要は出てくると思います。

特に、2回目以降の調剤については、医療機関の再診の受診なしに薬局さんへ行くことになりますが、2022年の診療報酬によると、リフィル処方箋による2回目以降の調剤については、「前回の調剤日を起点とし、当該調剤に係る投薬期間を経過する日を次回調剤予定日とし、その前後7日以内」に行うこととあるので、そのルールから外れるとリフィル処方せんが使えなくなります、と予め説明しておくことが必要になるかと思います。

電子カルテ情報共有サービス

最後に、電子カルテ情報共有サービスについてですが、こちらも患者情報共有の1つとしての取り組みで、いきなり同じ規格の電子カルテを使いましょう、という意味ではありません。

医療機関で作成したデータを「電子カルテ情報共有サービス」に登録することで、紹介先や他の医療機関、患者さん本人にも共有できるようになるサービスのことです。

電子カルテ情報共有サービスは、2025年度中の運用開始が予定されています。2024年6月改定の「医療DX推進体制整備加算」にも「令和7年（2025年）9月30日までの間に限り、電子カルテ情報共有サービスを活用できる体制を有しているものとみなす」とあるので、それまでにはもう少し本格的に運用開始に向けて、情報が出てくるのではないでしょうか。電子カルテ情報共有サービス概要のポイントは次のとおりです（図表57）。

⑴ 診療情報提供書送付サービス

→診療情報提供書を電子で共有できるサービス。
（退院時サマリーについては診療情報提供書に添付）

⑵ 健診結果報告書閲覧サービス

→各種健診結果を医療保険者及び全国の医療機関等や本人等が閲覧できるサービス。

⑶ 6情報閲覧サービス

→患者の6情報を全国の医療機関等や本人等が閲覧できるサービス。

⑷ 患者サマリー閲覧サービス

→患者サマリーを本人等が閲覧できるサービス。

【図表 57　電子カルテ情報共有サービス概要】

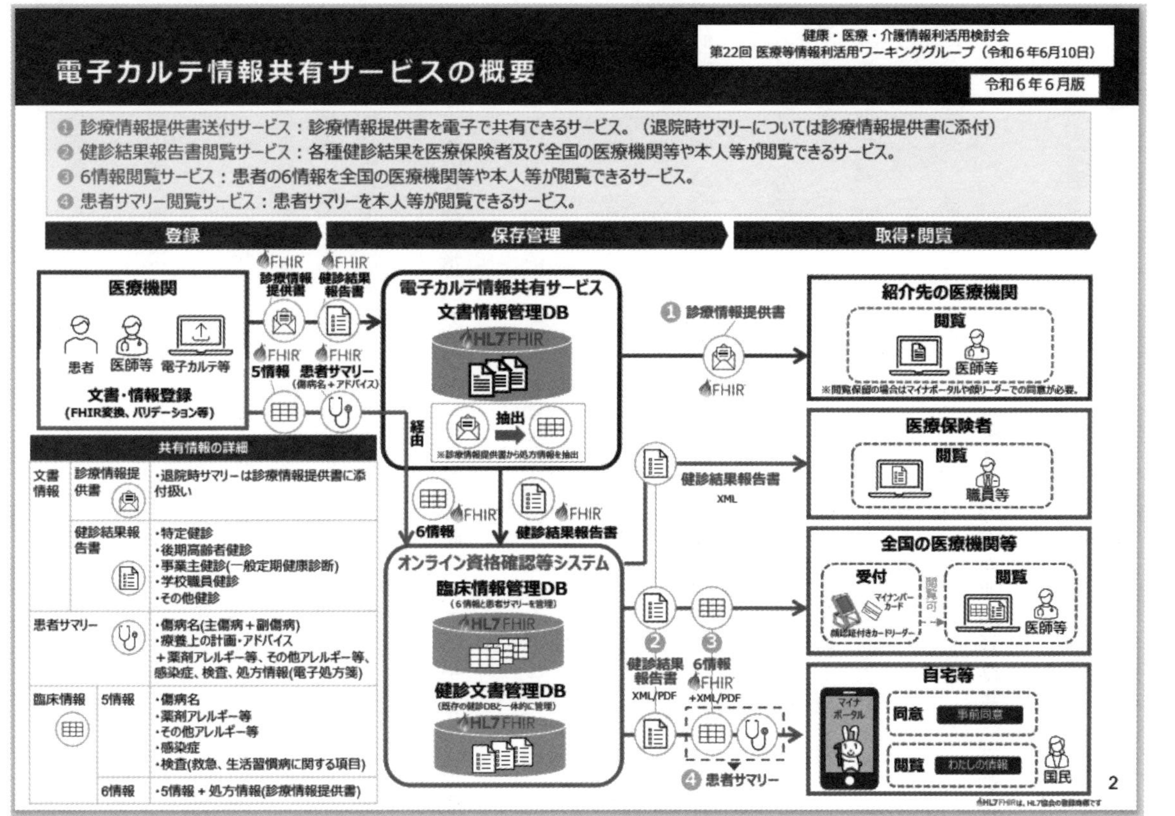

（出典：https://www.mhlw.go.jp/stf/seisakunitsuite/bunya/kenkou_iryou/iryou/johoka/denkarukyouyuu.html より抜粋）

この4点について情報共有ができるサービスです。⑴、⑵を合わせて「3文書」と呼ばれ「健康診断結果報告書」「診療情報提供書」「退院時サマリー」となっています。⑶の「6情報」ですが、具体的に「傷病名」「感染症」「薬剤アレルギー等」「その他アレルギー等」「検査」「処方」の6情報となります。

患者情報の共有は重要であるものの

これらの情報を共有できるようになることで、主に緊急時、災害時の患者対応がしやすくなるメリットがありますし、患者さんが紹介元医療機関で同意して、紹介先医療機関でマイナ保険証により受付すれば、紹介先医療機関が診療情報提供書を閲覧（郵送、FAXが不要になりますが、受領から1週間程度で自動消去）できるため、医療機関同士の重要な情報が共有できるということになります。

ただ、院長先生として一番気になるのが「傷病名」だと思います。患者さん本人も閲覧できるということになると、患者さん本人に「告知していない病名」や「まだ病名としては確定しにくい場合」をどうするのか、ということが気になるかと思います。

この点は、2024年1月の厚生労働省の資料によると、図表58のような案が出されていました。

【図表58 「未告知フラグ」「長期保存フラグ」に加え、「未提供フラグ」を設ける】

傷病名を患者や他の医療機関に共有する際に、電子カルテに登録された病名を全て共有することが適さない場合も考えられる。そのため、傷病名を電子カルテ共有サービスに登録する際に、医師が「患者や他の医療機関に共有される」傷病名を整理した上で情報共有するために、「未提供フラグ」を設ける。
「未提供フラグ」の使用例：
診療初期の段階で登録した病名が、診療の過程でより詳細な病名等に変更される場合
疑い病名の中で疑っている度合いの大きさにより、共有する範囲を調整したい場合
※「未提供フラグ」を付与した病名は本人と医療機関ともに閲覧不可となる。

（出典：https://www.mhlw.go.jp/content/10808000/001197924.pdf より抜粋）

つまり「未告知フラグ」は患者本人には提供されず、他医療機関には提供されますが、「未提供フラグ」は患者本人にも他医療機関にも提供されないことになります。ただし、このような仕組みを取り入れるためには、電子カルテの導入がないと成り立たないことになります。

国は、2030年に電子カルテ導入率100％を目指しているそうです。今後、どのような流れになっていくのか、注目したいところです。

【コラム④】医療事務の効率化とスタッフ採用の関係

医療にとっては、採用が難しい時代になったことは先ほども述べました。

近年、採用面接をしていると、ライフワークバランスの観点から「年間休日数」「有給取得率」「月平均残業時間」を聞かれることが以前よりも多くなったと感じます。

働く上で、それらが重要なことであることは間違いないですが、受付時間終了になった瞬間、すでに来ている患者さんを全部帰すわけにもいかないので、繁忙期などは残業時間が長くなる傾向にあるのではないでしょうか。

同じ医院に長く勤務していると当たり前となり、後輩にも「ウチは患者さんも多いし遅くなるのは仕方ないよ」と言っている場合もあるかと思います。

もちろん、患者さんのために、夜遅くまで診療に従事する院長先生、スタッフさんの働きを否定するわけではないのですが、近年はその「思いだけ」では、スタッフが集まりにくくなっているのも否定はできません。

私自身の経験なのですが、医療機関で勤務する際の就職活動で、ある社会保険労務士事務所の面接を受けました。

事務所としてはかなり小さいところだったということもあったかもしれませんが、面接で「うちは毎日終電まで、ということが多い。あなたのように資格がない方なら、なおさら夜遅くまで勉強のためにも仕事をしてもらうことになると思う。私はそうしているけど、あなたはそこまで耐えられますか」と聞かれました。私は面接なので「大丈夫です」と返事はしたものの、翌日お断りの連絡をさせていただきました。

後日、そこの所長さんから「なぜ辞退されたのか」との連絡もいただきましたが、面接担当がそんなことを言っていることに驚愕されていました。人事と労務を扱う国家資格の社会保険労務士さんだから、余計に驚かれたのでしょう。

スタッフに「残業時間が長いので辞めさせていただきます」と言われたことがある院長先生もおられるのではないでしょうか。ただ、退職時には本当の理由は隠すことが多いので、退職理由として「家族の介護」や「スキルアップのため」などと伝えることが多いかもしれません。

スタッフ確保のためには、たとえ繁忙期で残業時間が長くなるような時期であっても、医療事務の効率化を図り、少しでも早く業務が終了できるようにする取り組みは必要です。院長先生が早く帰れるようにしたいと「思っている」だけでは不十分で、スタッフはすでに我慢の限界かもしれません。

院長先生からすれば「患者さんが待っているんだから、遅くなっても理解しろよ」と言われるかもしれませんが、院長先生の体を守る（院長先生もサイボーグではありませんから）ためにも医療事務の効率化、スタッフ確保、採用のため、どこをどう効率化するかなどを考えてみてもよいかと思います。

ちなみに、最近のスタッフ採用の傾向として、残業時間よりも休日数（年次有給休暇だけでなく通常の休日）がしっかり確保できるかが重要視されています。多少残業があっても、年間休日数がある程度あれば、納得できる方が多いように感じます。医療事務の効率化を図り残業時間の短縮に取り組んでいることを伝え、休日数と休みやすい仕組みを取り入れることが重要です。

最後に「退職」についても、最近のホットワードをお伝えしておきます。

「退職代行」サービスが世間を賑わせているのを、院長先生はご存じでしょうか。簡単に言えば、退職したい本人に代わって会社に退職したい意思の連絡を入れることです。

「退職の意思くらい自分で」との思いは、私も十分にありますが、これも時代の流れなのでしょうか。私が事務長のとある医院でも、退職代行から連絡があってその対応をしましたが、正直法的根拠にも乏しく、書類のやり取りは、その会社が間に入ることができず、結局本人へ郵送してくれというものでした。また、ある退職代行会社を辞めるために別の退職代行会社を使われるという、嘘のような本当のことも起きており、院長先生の医院へ連絡が来ないとも限りませんので、1つのホットワードとしてご紹介しておきます。

第５章　医療事務トラブルへの対応

1　接遇力を磨く

接遇はなぜ必要か

一般企業では、お客さんへの対応について「接客」という言葉で表しますが、医療の世界では患者さんへの対応のため、接客ではなく「接遇」という表現を使うのが一般的です。

患者さんはお客さんなのか、という議論はあるにせよ、医療もサービス業であることから、ぞんざいな対応というわけにはいきません。立ち居振る舞いや言葉遣いなど患者さんが気持ちよく通院していただけるための対応は、すべて接遇と言えます。

これは医師を始めとして、看護師や医療事務スタッフなど職種を問わず、社会人としてのマナーであり、患者さんへの敬意を示すものとして接遇を知っておく必要があります。

日本語には敬語、マナーなど、知ってはいるものの自分のものとして身についていない、あるいは使いこなせていないなどの状況もあり、どうしても後回しにしがちなことでもあるかと思います。

知っていることとできることは違いますし、接遇は意識して学ばなければ、なかなか身につかないものでもありますので、接遇に関する本や、医療を専門とした接遇講師の方に、院内勉強会などでセミナーをお願いするのもよいでしょう。

ただ、セミナー後面白かっただけで終わることのないように、院長先生を始め、定期的に振り返りや事例などについて検討することも忘れてはいけません。

患者さんは院内のあらゆることに敏感になっている

患者さんは、スタッフのあらゆるところを見ています。スタッフの話し声を聞いています。雰囲気を感じています。病気で不安な時だからこそ、ちょっとしたことが気になるのです。

たとえその患者さんのことではない話をしていても、スタッフ同士で笑い合っているのを見て「私のことで笑っている」と感じる患者さんもいるのです。それだけ患者さんは院内のことを敏感に感じています。

実際にあったでき事ですが、ある患者さんの父親が怒りながら「うちの娘の名前を聞いて、お宅の看護師が笑った。不謹慎だ」と院長先生に言ってきたことがあります。看護師に確認すると「名前を呼びながら、笑顔で対応した」のですが、その娘さんのお名前が、いわゆるキラキラネームだったため、「うちの娘の名前を馬鹿にして笑った」と捉えられたのです。私も同席し、父親のお話やお気持ちを受け止めつつ、状況をご説明して、何とかご納得いただきました。

これはとても極端な例かもしれませんが、患者さんがどう受け取るかは、正に、人それぞれであり、私たちが思いもしないところでクレームになったり、つらい思いをしたり、ということがある可能性があることを考えておかなければなりません。

接遇とは、相手にとって心地のよいものであるべきで、医療スタッフが「こうだから、よいじゃないの。何が悪いの」との主張で成り立つものではないことをご理解ください。

もう1つだけ、病院ならよくある例をご紹介します。病棟の看護師さんによくあることなのですが、年配の患者さんに対して、名前を呼ばずに「おじいちゃん」「おばあちゃん」と呼んでいることがあります。患者さんへの親しみを込めてお呼びする場合もあるかもしれませんが、患者さんとの人間関係もできていないのに「さあ、おじいちゃん、検査へ行きましょうね」というようなことは、医療者としてどうなのでしょうか。

大切なことは、相手を1人の人間として尊重し、そして心地のよい対応をすることで、安心して医療を受けていただくという観点を忘れないようにしましょう。

その観点から言えば、ホテルのように畏まった対応が医療の接遇なのではなく、相手と状況次第で、多少言葉を崩すことも必要な場合もあります。

すべてマニュアルどおりにやればよいというものでもありませんので、相手に合わせた接遇の方法をいくつも持っておくように練習をしておけば、自然とできるようになります。

バーバルとノンバーバル

接遇は、患者さんに対する言葉遣いやマナーと言うことができますが、どうしても敬語をはじめとする言葉遣いに重点が置かれることが多く、「敬語を学んだら十分」と勘違いすることも多いようです。

しかし、実際には言葉以外のことでも、患者さんに与えるメッセージはたくさんあります。言葉によるものを「バーバル（verbal)」、言葉によらないものを「ノンバーバル（non-verbal)」と言いますが、実際にはノンバーバルの印象がよくないことのほうが、患者さんにとって不快になる傾向にあります。

バーバルに偏った接遇を意識することが多いのですが、ノンバーバルに関しても意識を向けたいものです。

さて、バーバルによるものは次のようなものです。

①：挨拶

②：言葉遣い、敬語

③：話し方、聞き方

対して、ノンバーバルとは

①：身だしなみ

②：表情、しぐさ

これらのことを指します。以上のことに加えて、時と場面、相手に応じて適切な対応をしていくことが大切です。先ほども述べたように、マニュアルを頭に入れて、そのマニュアルのままの対応をすることが接遇なのではありません。

そのためにも、患者さんがどのようなお気持ちを持っておられるのか、何か言いたそうにしていないか、などアンテナを張る必要があります。

バーバルのポイント①：挨拶

では、バーバルの接遇について、基本的な点をおさえましょう。

まず①の挨拶です。社会人の基本中の基本ですし、さすがに患者さんに挨拶をしないことはないでしょうが、スタッフ同士、外部業者さんへ挨拶がない、ということは医院でもありえます。挨拶は「心を開く」という意味があるそうです。そして、あなたがここにいてよいですという気持ちの表れになります。

院内スタッフには、時間帯による挨拶を決めておくとよいです。「おはようございます」は何時までなのか、「こんばんは」は何時からなのかというルールです。特に決まりはないですが、院内として統一されている方が患者さんにとっては心地よいかと思います。

A さんからは「おはようございます」、B さんからは「こんにちは」と挨拶されたら、そのまま挨拶を返すにしても、患者さんから見れば「おお、どっちなのだろう」とやや戸惑われます。

挨拶の声の大きさですが、元気であればよいというものではありません(体育系クラブや居酒屋の挨拶のようなイメージをしてください。医院に合いますか)。患者さんは、病気のため体力がなく、挨拶を返すこともできないかもしれません。とてもしんどそうにしている患者さんに、大声で挨拶をしたらどうでしょうか。ここでも相手を見ることが大切になります。

状況に応じて声の大きさにも気を付けたいものです。

バーバルのポイント②：言葉遣い、敬語

続いて②:言葉遣い、敬語です。社会人としてのマナーの大切な内容です。「マジですか」「やばい」など世代特有の言葉や医療用語（ムンテラ、浮腫など）は避けて、患者さんが理解しやすい言葉に置き換えましょう。

院内で統一したいルールが、患者さんを呼ぶ際の「○○さん」なのか「○○さま」なのかという呼称についてです。従来、医院では「さま」付けが多かったように感じますが、最近は患者さんとの距離感をもう少し縮める意味で「さん」付けが多くなってきました。

これもルールがあるわけではありませんが、院内スタッフでの統一がされていないと、患者さんからすれば「何も考えてない医院だな」と思われてしまいます。

敬語についてですが、具体的な言葉例については、専門的な書籍やサイトに譲るとしますが、敬語はどうしても面倒くさいもの、というイメージがついていることが多いです。「敬語なんて使わなくても、意味は通じるし何が

問題なのか」と思うスタッフもいるかもしれませんが、敬語は日本の文化でもありますし、相手を不快にさせてしまい、無用なクレームを生む可能性もあります。社会人としてのレベルを高める意味でも、敬遠せずに院内みんなで勉強しあいましょう。

バーバルのポイント③：話し方、聞き方

バーバルの最後③:話し方、聞き方です。医院では患者さんに説明したり、思いを聞いたり、とコミュニケーションの場面がよくあるかと思います。

まず話し方ですが、患者さんは、院長先生を始め医院スタッフから強い口調で言われると悲しくなったり、怒りを感じたりして、内容が正しく伝わらないことがあります。もちろん優しく伝えるだけが医療ではない（内容によっては、強く伝えることも必要なので）のですが、基本的には患者さんが受け取りやすいように伝えることが重要です。

「順番が来るまでお待ちください」

「そのようなことはできません」

など、特に日常的な言葉ではありますが、少しぶっきらぼうに聞こえないでしょうか。このような場面では「クッション言葉」が有効です。

例えば「恐れ入りますが」「大変恐縮ですが」「念のため」のような言葉のことです。先ほどの言葉にクッション言葉を入れますと、

「大変恐縮ですが、順番が来るまでお待ちください」

「残念ながら、そのようなことはできません」

となり、クッション言葉により相手も「何か残念なお知らせがあるのだな」と予告されるような形になり、受け入れる覚悟ができます。他にも

「確認して参ります」

よりも

「念のため、確認して参ります」

のほうが「自分の言葉をしっかり受け止めてくれたんだな」と患者さんは感じます。「念のため」の一言があれば「ちゃんと確認してくれている」と感じるので、確認事項に時間がかかっても、クレームにはつながりにくいです。

次に聞き方ですが、いわゆる「傾聴」と言われることが必要で、患者さん

の言葉を受け止めている、ということが伝わるような聞き方を心掛けましょう。傾聴も練習次第で上手になるので、スタッフ同士で練習をしてみるとよいです。傾聴のポイントとしては、

・相手の重要な言葉を繰り返す

・相手の感情を受け止めて、伝え返す

この２点です。人は自分の言いたいこと、大事なことを繰り返されると「私の気持ちをわかってくれている」と感じます（これを「共感」と言います）。例えば、

患者さん「私の病気、もう治らないのかもしれないですよね」

スタッフ「もう治らないと思っておられるんですね」

というような会話です。スタッフは治るか、治らないかの断言をするのではなく、「治らないかも」という気持ちに寄り添っているのです。感情についても

患者さん「この症状、私だけでしょうか」

スタッフ「病気の今後について、不安があるんですね」

このような会話のことです。

ただし、全部を繰り返すだけだと「話、聞いていますか」という気持ちになるので、むやみに繰り返すのではなく、患者さんが言いたいこと、伝えないこと、強く思っていることに対して、言葉や気持ちを受け止めているということで、繰り返すようにしましょう。

ノンバーバルのポイント①：身だしなみ

では、①：身だしなみについてですが、医院は基本的に制服でお仕事をすることが多いので、基本的には大きな問題はないかと思います。しかし、髪型や爪、匂いなど、細部に関するところが院内ルールで決まっておらず、患者さんに知らぬ間に不快感を与えている可能性があります。

また、身だしなみについては、入職後時間が経てば経つほど注意しにくいものです（そう思っていたなら、もっと早く言ってくれたらよかったのに、とモチベーションが下がるそうです）。

可能であれば、面接時や契約時に身だしなみのルールについての説明やそ

の誓約をもらっておくほうが、トラブル防止になるかと思います。

おしゃれは自分のためにするもの、身だしなみは患者さんが気持ちよく過ごしてもらうためのものです。そう考えれば、どんな身だしなみがよいか自然とわかるはずです。

また、人は第一印象を会って数秒で決めるそうです。そして、第一印象が変わることはほとんどないといわれています。身だしなみが乱れているスタッフに対して、患者さんは信頼してお悩みを打ち明けることができるでしょうか。

【図表59　身だしなみのポイント】

- **髪**　→前髪は顔が隠れないように。肩にかかる以上の長さならまとめるように。
- **メイク**　→顔色が明るく感じるように。派手すぎるのは避けて。
- **制服**　→ほつれ、汚れがないか確認。ボタンをきちんと留める。
- **爪**　→短く丸く切る。マニキュアは目立たないものや爪の保護程度のもので。
- **香水・コロン**→香りのきつくないもので。
- **アクセサリー**→ピアス、ネックレスは音がするので避ける。
- **靴下**　→制服に合わせたもので。
- **靴**　→音のしない、動きやすいもの。かかとのあるもので。

細かいルールは医院ごとに決めていただきたいのですが、大前提として患者さんが不快に感じることや、けがにつながらないようにしましょう。

小さいお子さんのいる診療科目では、胸ポケットにペンなどがあると危ないです。お子さんに当たって危ないのもありますが、お子さんがペンを取って、腕にペンを刺されるというケースもあります。

なお、名札ですが、最近は患者さんからのハラスメント対策（いわゆる、カスタマーハラスメント対策）、つきまといやストーカー対策などから、名札をつけない、ひらがなで名字だけ、イニシャルなども増えてきました。

院長先生はお名前を出す必要があることも多いですが、スタッフに関しては必要などうか見極めてください。

ノンバーバルのポイント②：表情、しぐさ

次に②：表情、しぐさについてです。基本は笑顔でよいのですが、先ほどのキラキラネームのことにもあったように、いつも笑顔全開だと誤解を招く恐れもありますので、微笑みくらいがちょうどよいです。

また、微笑みだけなく、真剣な表情、少しつらい表情など、場面に合わせての表情ができるように鍛えておいてください。顔面は筋肉の塊なので、練習をすれば、場面に合わせた表情は、すぐにつくれるようになります。

しぐさについては、結構無意識にしていることが多く、特に院長先生は、無意識のしぐさが多いように感じます。というのも、周りが気になるしぐさがあっても、スタッフから院長先生には注意しにくいからです。

「無くて七癖有って四十八癖」という言葉が示すように、癖がないように見えても少しはあるもので、多い場合にはたくさん癖があるものです、ということで、周りの目も借りながら、お互いに気づかせることが大切です。

しぐさの例としては、次のとおりです。

【図表 60　しぐさの例】

- **貧乏ゆすり**
  →（相手が感じること）イライラしている？　怒る一歩手前？
- **あいづちがむやみに早い**
  →（相手が感じること）話を早く終えたい？　聞いていない？
- **足組み、腕組み**
  →（相手が感じること）偉そう、威圧感がある
- **時計をちらちら見る**
  →（相手が感じること）何か別のことが気になる？　早く出ていってほしい？
- **視線があわない**
  →（相手が感じること）拒否？　関心がない？

さて、知らぬ間にやってしまっているしぐさはありませんか。表情やしぐさは、ノンバーバルなので、言葉に出ているわけではありませんが、患者さんへのメッセージになることは明らかです。言葉に出てこないだけ、患者さ

んがあれこれと想像してしまい、余計に不安感を与えてしまいます。十分注意しましょう。

大切なことは、相手への思いやり

接遇に関するまとめですが、大切なことは、相手への思いやりです。自分がしたいことを押しつけることは、接遇とは言えません。

医院に来る患者さんは、不安や焦りの気持ちで一杯なのです。言いにくい辛い気持ちを打ち明けたときに、何の反応もなければ、その患者さんはもう二度と来ることはないでしょう。

たとえ結果として１回のみの来院であっても、信頼できる身だしなみ、患者さんとの関係を築こうとする姿勢、共感や傾聴を通して患者さんに寄り添う姿勢で、患者さんは「ここに来てよかった」と思ってくれます。

これは院長先生１人で取り組むだけでは足りません。院内スタッフ全員で取り組むことです。第１章でも述べましたが、特に医療事務スタッフは「医院の顔」です。接遇によってスタッフが患者さんに与える印象は、院長先生の意思、意図、考えだと捉えられます。院長先生の知らないところで誤解を生まないように、スタッフも含めて、日ごろの接遇を見直していきましょう。

院内スタッフ同士でできないことは、患者さんにもできない

私も注意したことがありますが、あるスタッフが他スタッフに対して言葉遣い、態度について、当該スタッフに指摘すると「患者さんにはちゃんとできているから問題ない」と返答されたことがあります。本当にそうなのでしょうか。

ある医療接遇講師の先生がおっしゃっていたことなのですが、「スタッフ同士でできないことは、患者さんにもできません」ということです。そうですよね。患者さんの前だけきちんとできている、なんてことはないのです。

仕事である以上、誰に対しても、相手が気持ちよく接することができるようにするのも、社会人として基本的なことです。もちろん人間なので、どうしてもウマがあわない人は存在します。だからといって、挨拶しない、無視する、高圧的な態度をとる、などあってはならないことです。

そして、それが患者さんに対して絶対に出ないのかというと、どこかには出ていることがほとんどです。私たちは医療のプロとして、患者さんが不快に感じたり、不安や焦りを増殖させたりするようなことをしてはいけないと思います。院長先生始め、全員で取り組んでいくことであることを再度強調しておきます。

2　電話対応を磨く

固定電話に慣れていないスタッフが増えている

医院には固定電話があることが当たり前ですが、最近は個人宅で固定電話を置くことが少なくなりました。総務省のまとめによりますと、固定電話の利用率が2008年は90.9%でしたが、2023年は57.9%となり、スマートフォンの登場と連動して一気に落ちていることがわかります。

また、世帯別でみると、39歳以下ですと、固定電話の利用率は10%以下で、ほとんど利用せず、スマートフォンはほぼ100%になっています。このことから意味することは、次のとおりです。

⑴　固定電話の使用方法がわからない

⑵　誰からの電話なのかわからない電話に出たくない

⑶　誰が出るかわからない電話をかけたくない

携帯電話やスマートフォンは、ボタン操作のため、固定電話と異なるかけ方、切り方となります。

固定電話では受話器を上げて「ツー」と音がすれば、そこから相手の電話番号を押すと、つながり始めますが、携帯電話やスマートフォンは電話番号を入れて発信ボタンを押すか、発信ボタンを押してから電話番号を入れるか、になっているため、発信ボタンがない固定電話を見て「どのボタンを押したら、電話がかかるのか」と聞かれたことがあります。

電話での会話を終えたときも、フックボタンを「ゆっくり」押して電話を切る、ということをせず、慣れないスタッフが受話器をガチャンと強く置くことがありました。その行動によって、話し相手にも大きな音で「ガチャン」と聞こえます。携帯電話やスマートフォンでも「電話終了ボタン」がありますが、ゆっくり優しく切る、ということができません。また、スマートフォンには、相手には聞こえない「ミュート機能」ボタンがありますが、固定電話は相手に少しお待たせする場合は「保留」ボタンなので、このような違いもあります。

したがって、初めて固定電話を使う場合は、その基本機能から研修をする必要があるということです（アルバイト経験でお店の固定電話に出ていた、という方も少しはおられますが）。

誰かわからない番号からの電話は出ないように呼びかけられている

固定電話（例えば患者さんのご自宅など）にかける際、基本的に誰が出るかわからないので、「誰が出るかわからない電話はしたくありません」と言われたことがあります。

ただ、近年、患者さんもご家族も携帯電話番号を教えてくれることが多いので、以前よりは誰にかけるか明確になっているので、まだかけやすくなっているかもしれません。しかし、最初に教えてもらった携帯電話番号が変わっている、患者さんが書き間違いをしているなどもあるので、もしかけたい方と違う相手が出たときに、どう対応するかも研修が必要です。

また、固定電話に慣れていないスタッフが苦手なのは、「誰かわからない方から電話がかかってくること」です。これは、特殊詐欺の電話の対策などから、スタッフ個人の携帯電話やスマートフォンにかかってくる「登録していない電話番号」からの電話に対しては無視することが増えています。

そのため「誰かわからない電話は危険」との教えに慣れているので、固定電話のように電話番号が出ない、もしナンバーディスプレイなどで電話番号が出ていても、誰の番号かわからないということがあると、電話に出ることを躊躇しています。そのためビジネス上の電話のかけ方、受け方についても研修が必要となります。

余談ですが、ある会社の人事の方から聞いたお話ですが、その会社は本社が東京にあるため「03」の電話番号から発信すると、迷惑電話と判断されて東京以外の方がほぼ出てくれないそうです。また、電話が繋がった際も「電話するなら、前もっていつくらいに電話します、と連絡がほしかった」と言われたそうです。人事の方はすごく嘆いておられましたが、これも時代の流れなのかもしれません。

電話対応の基本を知る

さて、ビジネスにおいて電話は欠かせないもので、医院においても問い合わせや予防接種の予約など、電話をなくすことはできないものです。

電話は、相手の表情やしぐさが見えないので、相手の感情を掴むことができず、クレームにつながることもあります。そこで電話対応の基本を知っておいてほしいです（図表61）。

【図表61　電話対応の基本】

⑴　電話のビジネス用語を知る
⑵　電話であっても態度、姿勢は伝わる
⑶　受ける方がしっかりとペースを保つ

⑴についてですが、電話は、言葉によるコミュニケーションですので、ビジネス用語を知り、相手に信頼される言葉遣いが大切です。

例えば、ビジネス上では「もしもし」は避けて、「おはようございます、○○医院です」あるいは「はい、○○医院です」と明るく電話に出るのがよいかと思います。

また、何度も来ている患者さんからの電話であっても「親しき中にも礼儀あり」です。周りにいるスタッフや患者さんからは、電話の相手が誰かわかりませんので、友人と電話しているような対応は、気持ちのよいものではありません。

社会人としてのマナーを大切にしましょう。基本的なコミュニケーション方法は、先ほど接遇に関して述べたところと同じですので、言葉遣い、敬語など意識してほしいです。

お互いが見えないのに、相手からは見えている？

さて⑵についてですが、電話は相手が見えないツールなのですが、こちらの態度は確実に伝わります。その意味では、ノンバーバルの点も重要になります。「面倒くさい」「早く終わりたい」という気持ち、猫背や机に伏せたままの姿勢など、電話の相手には見えないのですが、伝わるものです。

「ちゃんとこちらのことを聞いていますか」「何か面倒くさそうに感じますけど」など、電話の相手から言われることがあるかもしれません。

実際にやってみてほしいのですが、電話で「大変申し訳ございません」という言葉を伝えながら姿勢がどうなっているか、確認してみてください。「大変申し訳ございません」と伝えながら姿勢も謝るように頭を下げる場合と、ただ「大変申し訳ございません」と伝えるだけで姿勢を変えない場合と、受け取る方の印象は違うはずです。

電話であっても、相手に態度や姿勢が伝わる、というのはそういうことです（友人と電話をしていて、相手が寝そべっているときに「寝ながらしゃべっているんじゃないか」と気づくときはありませんか）。

最後に⑶についてですが、電話は受け取る方がペースを守って、確認しながら進めていきましょう。

医院の場合は聞きたいことがあってお電話をされているわけですから、その内容を復唱したりしながら、電話をかけた方の言葉がまとまっていなくても「何を言っているのかわかりません」と拒絶するのではなく、「○○についてのご質問でよろしいでしょうか」など、こちらが整理することで、双方向のコミュニケーションが円滑になります。

そのため、基本的にメモを取りながら電話を受けるのが基本となります。予め院内で電話メモをつくっておくと、内容の抜けが防げます（図表62）。

ただ、「こういうことを言いたいんでしょ！」と強引にまとめたりせず、しっかり言葉を受け止めながら、確認の意味で優しくまとめる姿勢を持ちましょう。

また、診療中の院長先生宛の電話（業者さんもありますが、お世話になっている先生、近隣医療機関などもあります）に対して、医療事務スタッフにどのように対応してもらうかを決めておくのもよいかと思います。

後述するクレームに関してですが、電話でのクレーム対応が院内で必要なときもあります。電話口でお怒りの患者さんやご家族さんに対して、どのように対応すべきなのかもぜひ練習をしておきましょう（詳しくは183頁参照）。

【図表 62　電話メモの例】

【電話メモ】

月　日(　)午前/午後　：　ごろ

________________宛に

________________様から

お電話ありました。

□　以下まで折り返しお電話ください。

TEL:________________

□　また電話します。

（念のために連絡先を聞いてください）

TEL:________________

□　電話があったとお伝えください。

□　下記の用件でした。

____

____

____

____

（受）________________

（著者作成）

ちょっとした一言で、自分が落ち着ける

電話の「待ち時間」はすごく長く感じます。院長先生が、サポートセンターなどに電話で問い合わせをした際に「少々お待ちください」と言われ、その時間が長く感じたことはありませんか。その「少々」は、つまりどれくらいなのか、と保留音を聞きながら、イライラして待つことはありませんか。患者さんも同じ思いをしているかもしれません。ここでもクッション言葉が有効です。

例えば、

「念のため、院長先生に確認しますので、２分ほどお待ちください」

「恐れ入りますが、当院では対応できかねます」

「残念ながら、当院ではその予防接種は行っておりません」

などです。

なお、電話は「かけた」方が、お金がかかっています（フリーダイヤル（NTT）やフリーコール（KDDI）は別です）。院長先生への問い合わせで、スタッフが診療の合間に確認してお返事する、ということもよくあります。

そこで患者さんのお電話でお待たせしそうなら、「大変恐縮ですが、診療の合間に確認いたしますので、こちらから折り返しご連絡いたします。○○さまのご連絡先をお聞きしてもよろしいでしょうか」などの提案ができるのもよいかと思います。

電話を受けた方も「待たせている」と思うと、落ちついて行動できず焦ってしまったり、ミスにつながったり、クレームにつながったりすることもあります。

急に聞かれてわからないこともあるかと思いますが、そんなときこそ落ち着いて行動できるように、言葉をたくさん知っておく、電話での対応方法をたくさん持つ、ということも院内で学び合いをしておくのも有効かと思います。

自動音声対応システムも検討できる

最近では、自動音声対応のシステム（コンピュータの音声で対応して、番号を押して進めるものです。）で安価なものもありますので、以前のように

留守番電話ではなく、新しいシステムを導入している医院もあります。
他にも、
・電話録音システム（固定電話に接続するだけで使えます）
・電話連動 CTI（電子カルテなどに連動して、患者情報が出てきます）
など、電話対応がスムーズになるツールが増えてきています。
従来の留守番電話機能も進化してきて、曜日や時間帯によって自動で対応内容を変えられるものも出てきました。
このようにシステムを活用すれば、将来的に電話に一切出ずに、医院運営を行うことも可能になるかもしれませんが、とはいえ電話の形は変わっても、一切出なくて済むようになるとは思えません。
患者さんが気持ちよく来院いただくためにも、その接触の最初が電話であることも多いので、院内で対応方法や電話研修などは、定期的に行うようにした方がよいかと思います。

3　クレーム対応の基本

クレームとは

クレームと聞くとどのようなイメージをお持ちでしょうか。
クレームとは英語の“claim”から来ている和製英語で「主張・要求」の意味です。以前から「クレームは宝の山」と言われており、患者さんのただの我がまま、あるいは要求と考えず、自院がよくなるヒントだと捉え、改善に活かしましょうとよく言われてきました。
実際にクレームがあったから、医院が改善された、ということもよくあることで、ご意見ハガキなどの設置によって、医院運営を常に見直している医院もあります。
しかし、近年は本当に理不尽な要求や脅迫、暴言なども多くなってきており、いわゆるカスタマーハラスメント（カスハラ）と言われるようなことも起こっています。
このカスタマーハラスメントは、全国的にも問題になっていて、東京都議会は2024年10月4日、カスタマーハラスメント防止条例（2025年4月施行）

を可決しました。他の都道府県も条例の制定に向けて動いているようです。

一方、東京商工リサーチの調査によると、カスタマーハラスメントの対策について、約70%の企業が「対策なし」とのことで、その対応の遅れが指摘されています。

医院にとっても例外ではなく、もともとクレームは企業に対して期待するから生まれるものと考えるべき、との視点からクレームに真摯に向き合ってきたのですが、単なる難癖、いやがらせ、暴言・暴力など、医師やスタッフの安全を守るために、その対策について、さらに深めることが必要になってきています。

ある医院の事務長さんによると、ある患者さんからクレームの電話があり、4、50分も診療が止まってしまった、ということもあったそうです。

今一度、クレームに関して、その基本から学んでおきましょう。

クレーム対応の基本を学ぶ

先ほど述べたようにクレームも変化をしてきていますが、その内容が正当な理由や要求なのか、単なる難癖、いやがらせなのかによっても対応が変わってきます。いずれにしても大切なことは、初期対応にかかっています。

初期対応があるから、その後対応をしながら、そのクレームが患者さんの期待からなのか、悪質な要求なのかを見極めていきましょう。

初期対応ですが、いくつかポイントをお伝えします。

①：逃げない

②：冷静に対応、すぐに謝罪しない

③：毅然とした態度

④：チーム（複数人）で対応

クレームはどの患者さんが、どのスタッフに申し出るかはわかりません。医院では、治療をしてもらう、という感情から、あまり院長先生に直接申し出る患者さんは少数派で、ほとんどが医師や歯科医師以外のスタッフにクレームを申し出ることが多いです。

つまり、院内のどこでクレームになるかは決まっておらず、どのスタッフにもクレーム対応の基本を把握してもらう必要があります。

クレーム対応のポイント①：逃げない

まず①：逃げないについてですが、医療スタッフは患者さんからのクレームに対して、総じて弱いところがあります。

医療スタッフは優しい人が多いため、厳しい言葉に対して弱いところがあります。そのため「クレームだ」と感じると、逃げ出したい気持ちになり、「院長先生に言ってください」など、咄嗟に出てしまうことがあります。

ただ、これは火に油を注ぐ結果となります。「私の言うことを受け止めてくれなかった」「私を悪者扱いした」などと感じてしまい、患者さんの感情がよりヒートアップしてしまいます。

これは電話でのクレームも同様です。クレームを受けたスタッフがまずは冷静に受け止め、どのような要求なのか、何があったのか、などをメモしながら聞くことが大切です。クレームだからと言って、すぐに先輩に対応を代わる、電話を代わるなどは避けましょう。

クレーム対応のポイント②：冷静に対応、すぐに謝罪しない

強い口調で言われたり、怒られたりすると、委縮してしまうのは当然ですが、まだ事実確認もできないまま謝罪すると、患者さんの勘違いや思い違いのこともあるので、余計に事態収拾に向かえなくなります。

患者さんの気持ちを受け止めつつ、話をすること（つまり、「それはつらかったですね」「不快な思いをさせてしまいましたね」などの共感です。この時点では言い訳や反論をしては、収拾がつかなくなります）で、患者さんも冷静さを取り戻すことができます。

この時点では謝罪ではなく、不快な思いをさせたことに対する謝罪です。それ以上は事実確認をしてから再度説明という流れになることが多い（返事がほしいのではなく、私の気持ちをわかってほしい、の場合もあります）ので、ここで無理に終わらせないようにすることも大切です。

スタッフが「早く終わらせたい」と思ってしまうと、それも患者さんに「私の話なんてどうでもいいんだな」と伝わります。

事実確認が必要な場合は、できるだけ早く院長先生に報告、場合によっては関係するスタッフ、チームに連絡、事実確認、今後の改善策、どのように

患者さんにお返事するか、などのフェーズに移ります。

なお「その場で返事を出せ」と言われることもあるかもしれませんが、まず相手の言い分をしっかりと聞かせていただき、きちんと対応するために一旦協議させてほしいと伝えるようにして、その場を終われるようにしましょう。

クレーム対応のポイント③：毅然とした対応

院内で情報共有がなされ、事実確認などの取材も終わり、その後患者さんへのお返事になりますが、多くのケースはその結果をお伝えして、改善策などをお話しすると、先ほどよりも冷静になった患者さんは、そこで理解して終わり、となります。

ただ、難癖やいやがらせ、無理な要求（「私だけいつも一番に診ろ」、「誠意を見せろ（お金を出せ、というと恐喝になるのはわかっている方が多く、このような表現になりますが、言いたいことは金品の要求です）」など）が続く場合は、③：毅然とした態度、が必要になります。

患者さんに今後の改善策をお伝えするとき、どこまでこちらでできることがあるのかも、院長先生をはじめとして決めておく必要があります。

ここをスタッフに任せたままにすると、想定以上の要求がさらに来た場合に、どう返事するか混乱してしまい、「再度連絡いたします」と時間をかける結果になるか、「わかりました」と院内では無理のある要求を飲んでしまうことになります。

クレーム対応の基本としては、「気持ちは受け取るけど、何でも要求どおりできるわけではない」と線引きをすることです。クレームが長引く原因は「気持ちも受け取らないし、要求どおりにもしない」ことにあります。だから初期対応が大切になります。

クレーム対応のポイント④：チーム（複数人）で対応

クレームを受けた後④：チームで対応するために、協議を行い、今後の方向性を決めましたが、これも大切なことです。

窓口でのクレームなどでは、一旦お話をお聞きしたあと、可能であれば別室に移動し、複数のスタッフ（相手の人数より1名多い人数が理想）で対応することが大切です。

最後に、暴言や暴力など威嚇、脅迫などのレベルの場合は、すぐに110番をしましょう。またこのような事態に備えて、あらかじめ管轄の警察署や交番などと連携を行っておきます。

ちなみに、私の事例を1つ紹介します。Googleの口コミで、検査の結果のため海外に行くことができなかった方が、「航空券が台無しになった。そのお金を返してほしい。火をつけに行きたいくらい」と書かれたことがあります。私はすぐに管轄の警察署に出向き、刑事課の担当者さんと話をして、数カ月間、医院近くを巡回してもらったことがあります。状況により警察署が協力してくれることもあるという事例です。

また、機械警備を導入している医院は、すぐに緊急ボタンが押せるように、設置場所の工夫や、もし遠い場所にあるようなら、押してほしい合図などを決めておくとよいです。

クレームをどのように医院の財産にするか

クレーム対応は、とても疲れます。患者さんの言うことが、結果的に誤りだったとしても、その対応には多くのエネルギーを使います。

だからと言って「あの患者さん、しつこかったね」とか「変なことばかり言われて疲れたね」ということだと、何も学べないことになります。

たとえ患者さんの勘違い、間違いであっても、では勘違いや間違いを防ぐために、医院として何が足りなかったかなどの検討は必要です。

クレームの対応が完了したら、同様のクレームが出ないように、業務や対応など何か見直すべき点がないかどうか、などにつなげることで「クレームは宝の山」となります。

この後に述べる「ヒヤリハット報告」に取り込むのも、医院の財産になる方法の1つです。大切なことはクレームを「患者さんのただの文句」と捉えず、自分たちの反省に繋がる気付きを得たと認識することです。

クレームの当事者になったら感情的に「私のせいではない」と思ってしまうのですが、決して個人の責任とは限らないことも多く、医院全体の問題であることもあります。院長先生としては、たとえ個人の振る舞いや対応でクレームになったとしても、人格を責めないようにしましょう。振る舞いや対応がよくないなら、その行動について注意するのであって、「だからお前はダメなんだ」などと人格否定にならないように注意しましょう。

クレームもヒヤリハット活動に取り込もう

医療の世界では「ヒヤリハット報告」は重要な業務として、医療従事者を始め、全スタッフに徹底されている医院が多いかと思います。

ただ、どうしてもヒヤリハット報告は、医療的側面の報告が多く、クレームや事務系ミスなども含めてヒヤリハット事例として、院内でシェアをすることがあまりないように感じます。

ぜひ医院全体で、どこでも改善のヒントが落ちているものとして捉えて、積極的にヒヤリハット報告をしてもらう土壌づくりをしましょう。

ここでヒヤリハット報告のポイントも図表63にまとめておきます。

【図表63　ヒヤリハット報告のポイント】

(1) ヒヤリハットは未来の事故を防止する観点で
(2) ヒヤリハット報告が多いスタッフの評価を高くする
(3) 犯人捜しをしない、追及しない
(4) 仕組みで改善することができないかを考える
(5) 「もうしません、気を付けます」「ダブルチェックします」はあまり意味がない

ヒヤリハット報告の意味

そもそもヒヤリハット報告とは何のためにあるのでしょうか。

これは「ハインリッヒの法則」という有名なルールがあり、「1件の大事故の裏には、29件の事故があり、さらに300件のヒヤリとしたり、ハッとしたりする軽微な事故がある」というものです。大きな事故が起こる前に、小さな軽微な事故のうちに、その芽を摘んでおこうという考えです。

医療で大きな事故とは、最悪患者さんの死に繋がることもありますので、小さなミスをうちに気づくこと、そしてその対応をすることが重要なのです。

⑴はそのような意味があります。

次に⑵についてですが、ヒヤリハット報告は大きな事故を防ぐためのものなので、実際に起こったミスの報告だけでなく、「事故が起こりそうだと気づいた」報告もヒヤリハット報告なのです。「事故を防ぐための気づき」を見つけたのですから、それだけ評価できることといえます。

例えば、院内で滑りやすいところを見つけた、などの事例もヒヤリハット報告です。したがって、実際にミスが生じて起こった事故のヒヤリハット報告でも、他に同様の事故が起こりそうなところが他に院内にあるかどうかを探してみる視点も大切になります。

「小さな事故が起こった、理由はこうでした、すみません」と反省文、始末書のようなヒヤリハット報告だけになっていないでしょうか。

そのような報告は「犯人捜し、追及、吊し上げ」になってしまいます。犯人捜しのヒヤリハット報告は、ミスを隠すことにつながる（他のスタッフが「私もミスしたら、あんな風に責められるのか」と思う）ので、未来のミスを防ぐことにつながっていかないのです。むしろ事故の温床を広げます。だから⑶も大切なことなのです。

続いて⑷と⑸ですが、ヒヤリハット報告の前提として「たまたま今回は○○さんが当事者になったけど、誰もが当事者になりえる」ということがあります。だから誰もが自分事として、業務に活かすことが重要です。内容によっては、もちろん個人の対応などから起こる場合もありますが、大多数のヒヤリハット事故は、そうではありません。

そこで改善策を考える際、ミスをしない、事故を起こさない仕組みに変えられないか、という視点を持ちましょう。

例えば、採血する患者さんを間違えないように、検査前に「○○さんですね」と聞くと「はい」と患者さんが答えるという場面を想像してください。患者さんは悪気なく「はい」、あるいは聞こえてなくても「はい」と答えることもあります（聞き間違いもあります）。

では、どのように確認をすればよいかですが、「今から検査をしますので、お名前をフルネームで教えてください」と問いかけると、取り違いのミスは大幅に減らせます。

なお、言葉だけでなく、施設面や設備面の事故やミスなどに関しても仕組みで防止できることはないか、という視点を持ちましょう。

そのため、人的ミスは「気を付けます」「ダブルチェックします」だけでは防げるものではありません。医療機関ではダブルチェックの実施も多いかと思いますが、実はあまり意味がないと言われています。もちろん全く意味がないとは言いませんが、ダブルチェックをしてもそんなに改善されないと思ったほうがいいです。

その理由は、ダブルチェックだと、１人目は「２人目がちゃんと見てくれるだろう」と思い、２人目は「１人目がちゃんと見ているだろう」と、どちらも相手がちゃんとやってくれているので、自分はそこまでしなくても大丈夫という心理になるそうです。

ミスを防ぐ仕組みを、院内で知恵を出し合って、防止できるようにすることが大切です。

ミスを防ぐ仕組みとは

例えば、蓋に名前が貼ってあるシャーレがあり、複数の患者さんの検査をするため、最初に蓋を全部開けておき、臨床検査技師が試薬を入れていった。しかし、近くを通り過ぎた人が、シャーレの蓋を落としてしまい、誰がどの蓋なのかわからなくなった。このような場合、仕組みとしては何をどう変えたらよいでしょうか。

１つの答えとしては、蓋ではなく、試薬を受ける方に名前を貼っておく、ということになります（図表64）。

またこの事例を聞いて、他に似たような事例が発生しそうな事柄についても考えておきます。「名前の書いているものと書いていないものが離れたら、その組み合わせがわからなくなる」となります。

例えば、患者さんのベッドのネームプレートには名前が書いている、患者さん自身には名前が書いていないとなると離床したら、誰がどのベッドかわからなくなる、ということになります。そのため、病院では患者さんにもネームバンドをつけるようになっていてたとえ離床しても、どちらにも名前の記載があるため院内スタッフなら誰でも誘導できるということになるのです。

【図表 64　シャーレの例】

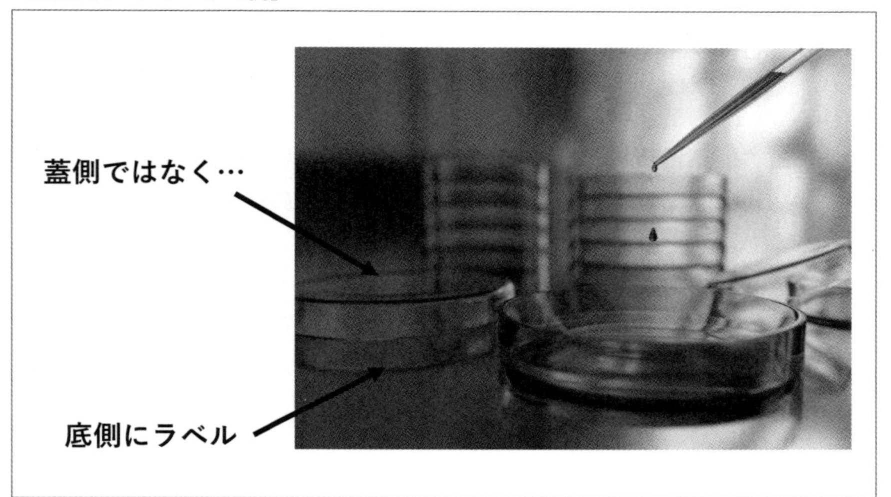

4　医院近隣対応

ライバルもいれば、協力関係もいるはず

医院経営も競争の時代です。ランチェスター戦略でも触れましたが、足下のライバルとの差別化を図り、シェアを伸ばしていくことが弱者の戦略として取るべき道と言えます。しかし、周りがすべてライバルとは限りません。

例えば、耳鼻咽喉科と小児科は、どちらも小児が多い診療科ですが、お互いの診療領域の理解を深めた結果、どちらもお互いに紹介しあう関係になったところがあります。紹介先は病院とは限りません。地域で患者さんを診ていくためには、協力関係を強めて患者さんの利益になることがあれば、それもまた地域で診療する意味を持つことにもなるのではないでしょうか。

まずは自分から

同じ診療科の医院はすべてライバルであると考えがちですが、得意なフィールドが異なる場合は、連携するということもできるかもしれません。

最近は市場調査をしっかりして、診療圏調査で同じ診療科のライバル医院がどこにあるか把握して開業することがほとんどなので、極端に近所に開院することはないとは思います。あるいは、先ほどの耳鼻咽喉科と小児科のように、お互いに紹介しあうことによる患者さんのメリットを生む可能性もあります。

院長先生は、診療のため、1週間のほとんどを診療に時間を割いているとは思いますが、もし連携を深めたい場合は、自ら挨拶に行くことも必要かもしれません。

ある院長先生は、最近新規オープンした保険薬局に自ら挨拶に行きました。また、ある歯科の院長先生は、11月14日の世界糖尿病デーに合わせて、糖尿病内科の院長先生にご挨拶に行きました。電話だけでの挨拶でも、何かよいご縁になる場合もありますので、まずは自分から動いてみるのも検討してみてはいかがでしょうか。

診診連携を進める

診療科目が異なる場合は、地域連携をすることで患者さんに利益になる可能性もあります。ただ、病院と違って、医院では「地域連携室」にあたる部署がありません(大きな医院の医療法人グループにはあるかもしれませんが、少数派です)。そのため院長先生自らが動くことがほとんどです。

将来的に、事務長さんを雇用すれば、挨拶回り、営業周りをお任せする可能性はありますが、開院当初から事務長さんを雇用するのはなかなかハードルが高いでしょうから、院長先生がその役割になります。

2024年6月の診療報酬改定では、生活習慣病管理料(Ⅰ)で図表65のように糖尿病患者さんについて、もっと連携するように、という主旨の内容が入りました。

【図表65　生活習慣病管理料(Ⅰ)】

(1)　生活習慣病管理料(Ⅰ)は、脂質異常症、高血圧症又は糖尿病を主病とする患者の治療においては生活習慣に関する総合的な治療管理が重要であることから設定されたものであり、治療計画を策定し、当該治療計画に基づき、服薬、運動、休養、栄養、喫煙、家庭での体重や血圧の測定、飲酒及びその他療養を行うに当たっての問題点等の生活習慣に関する総合的な治療管理を行った場合に、許可病床数が200床未満の病院及び診療所である保険医療機関において算定する。この場合において、**<u>当該治療計画に基づく総合的な治療管理は、歯科医師、薬剤師、看護師、管理栄養士等の多職種と連携して実施することが望ましい</u>**。(改定前は、当該治療計画に基づく総合的な治療管理は、看護師、薬剤師、管理栄養士等の多職種と連携して実施しても差し支えない、でした。)

〜(2)から(10)は略〜

(11) 糖尿病の患者については、患者の状態に応じて、年1回程度眼科の医師の診察を受けるよう指導を行うこと。また、**<u>糖尿病の患者について、歯周病の診断と治療のため、歯科受診の推奨を行うこと</u>**。(改定前は、糖尿病の患者については、患者の状態に応じて、年1回程度眼科の医師の診察を受けるよう指導を行うこと、でした。)

〜(12)から(14)は略〜

(太字、下線は筆者による)

(出典:https://www.jshp.or.jp/content/2024/0305-1-s4.pdf より抜粋)

このように診療科を超えた連携、あるいは受診推奨などは増えていくのではないでしょうか。今回は特に医科と歯科の連携について触れられていますので、大きな変化だと感じています。

歯科医院では、医院と連携することで「総合医療管理加算」や「歯周病ハイリスク加算」も算定できるので、算定基準を確認してみてください。患者さんの利益のために、必要な医療機関に適切に紹介していくことは、今までも課題であったように感じます。

病院には紹介しても戻ってくるけど、医院に紹介したら戻ってこないのでは、と思うと紹介しづらいと考える院長先生も一定程度おられるからです。

ある院長先生は「患者さんのために、手離れよくできるかどうかが大切で、それは医師としての責務である」と、よくおっしゃっていました。

ぜひ、診診連携を深めていくこともご検討ください。

5　危機管理（防犯、自然災害、停電など）への備え

医院には様々な危機が襲ってくる

さて、最後に医院に襲ってくる様々な危機に関して、その備えについてお伝えしていきたいと思います。一言で危機と言っても実に様々です。その危機管理について見ていきたいと思います。

医院防犯設備（機械警備、防犯カメラなど）

まずは防犯対策です。医院に来院される方は、マイナ保険証や健康保険証、問診票記載などで個人情報が明らかになっている方が中心であり、不特定多数の方（誰かわからない方）が来ることがあまりないのですが、他業種に比べて医院も売上金や小口現金など、受付周辺にお金を扱っていますので、盗難の可能性がゼロとはいえません。

通常の診療中はスタッフがいて、他の患者さんもいるので、多くの目があるため、お昼休みや診療後、休診日などに狙われやすいです。

医院をしっかり施錠するのは当然として、

・通常の鍵ではなくディンプルキーなど、合鍵がつくりにくいものにする
・鍵は紛失、盗難リスクがあるため、電子ロックにする
・機械警備の導入や防犯カメラを設置する

などの対策が考えられます。

通常の鍵だと合鍵は 1000 円以下でできる場合もあるのに対し、ディンプルキーだと 3000 円以上することが一般的です。また、ディンプルキーは合鍵がつくりにくく、作成したとしても使えないこともあります。

また、そもそも通常の鍵だろうが、ディンプルキーだろうが、紛失したり、盗難されたりしたら、それを使って院内に侵入されるということもあるため、鍵で開錠することを一切なくして、オートロックに変更、開錠はスタッフだ

けが知る暗証番号で、という医院もあります。

さらに、セコム株式会社さんや綜合警備保障株式会社（ALSOK）さんなどの機械警備によるシステムを導入している医院もあります。どちらも月額数万円はかかりますが、不審者の侵入時に自動で警報が通報されたり、緊急ボタンがあったりなどがあるので、利用の検討もよいかと思います。

最近、防犯カメラをつける医院も増えています。設置場所としては、医院出入口、スタッフ専用出入口、受付カウンター周りが多いです。

あくまでも防犯のためなので、防犯カメラがありすぎると、患者さんの肖像権や、常に見張られているように感じて、医院に来ることを敬遠される可能性があります。

医院出入口、スタッフ専用出入口は、外部侵入者の見張りのため（こちらは顔が判別できるような角度にすることが多い）ですが、受付カウンター周りは、おつりの間違い、健康保険証や診察券の返却忘れの確認などに利用するためにつけることが多い（こちらは手元が移るような角度にすることが多く、あまり患者さんの顔が映らないようにしていることが多い）です。

未収金対策

病院も含めて、医療機関にとって未収金は大きな問題です。病院にとっては入院もあり、その費用が未収金となり、積み重なると、病院経営を圧迫します。医院での窓口収入は病院に比べて大きいものではないものの、「塵も積もれば山となる」ですので、未収金を出さないようにすることは、医院経営にとっても重要です。

一旦、未収金になると、患者さんが来なくなった場合は、その回収はかなり難しいものになります。大事なことは未収金にさせないことです。そもそもなぜ未収金が発生するのか、という点で考えてみましょう。

・現金が足りない、検査などがありいつもより高かった（所持金不足）
・財布を忘れた（全くお金がない）
・医療証忘れなどで、主保険だけの一部負担金になった

このいずれかに集約されます。もちろん人間ですから、財布を忘れることも、健康保険証を忘れることもあると思いますが、例えば、次回来院時に検

査や抜歯を予定している場合は、おおよその目安の金額をお伝えする、あるいは、健康保険証忘れであれば、一旦全額負担（100％負担）でいただいて、当月中に精算をお願いする、など院内ルールを決めておきます。

院外処方の場合は、保険薬局さんに行ってもお金が足りないなど同様のことが起こりますし、故意に忘れたわけではないにしても、お金が全くない場合は、処方せんはお渡ししないようにするほうが、医院も薬局さんもリスクを減らせると思います。

あとは、院長先生の判断次第ですが、定期的に通院されている方なのか、そうでない方なのかでも対応が変わると思いますので、会計時にスタッフが対応に迷うようであれば、院長先生に判断を仰ぐようにしておくほうがよいです。ただ、定期的に通う方でも、ツケみたいになると、リスクは高まります。お金がないからまた今度、と軽く見られないようにしましょう。

これらのことからも、自動精算機の導入やクレジットカード、交通系 IC カード、QR コード払いなどの導入が増えています。

一部負担金は非課税ですし、手数料のこともあり、いままでは医院での導入は少なかったのですが、新型コロナウイルス感染症の影響や、未収金が積み重なるくらいなら、手数料を払ってでも現金以外の支払い手段を持つというのは時代の流れかもしれません。

避難訓練、自然災害に対する備え

さて、院長先生の医院では、定期的な避難訓練は行っていますでしょうか。防火管理者はどなたになっていますでしょうか。

総務省の資料によりますと、2023 年の 1 年間での出火原因は、1 位は「放火、放火の疑い」（10.6％）、2 位はたばこ（9.0％）、3 位はたき火（9.0％）となっています。

戸建ての医院か、ビルテナントか、にもよりますが、出火原因が「放火、放火の疑い」ということは、放火させない備えが重要ということになります。

具体的には、院外にゴミや燃えやすいものを出したままにしない（駐車場やガレージが狙われやすい）などです。火災が発生したときの備えとして、

・消火器の場所、使い方

【図表 66　地震ハザードマップ例：大阪府和泉市】

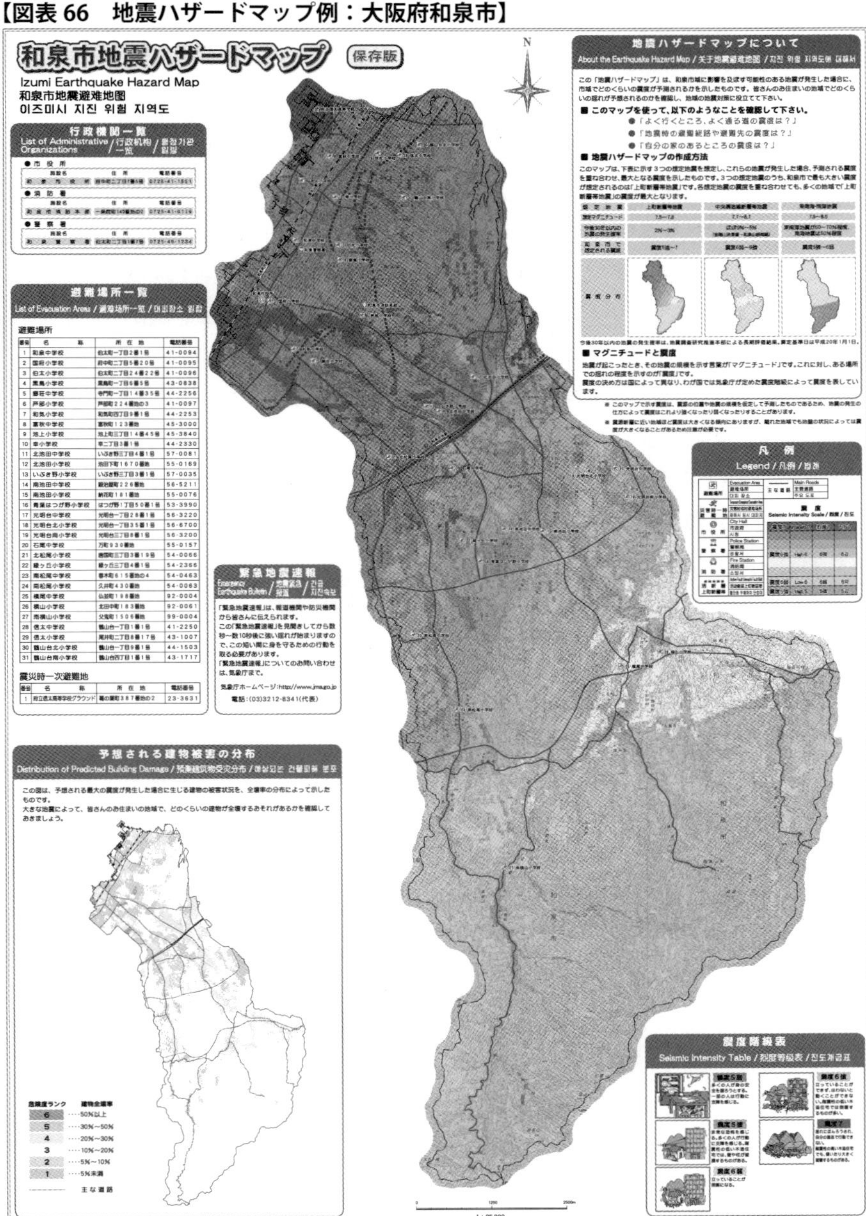

（出典：https://www.city.osaka-izumi.lg.jp/material/files/group/38/yureyasusa.pdf）

・避難口の確認
・避難の仕方、一時避難場所の確定
・非常時持ち出し物品の確認
など、避難訓練で確認して、院内で話し合いをしておきたいものです。

火災の際の「119 番通報」も避難訓練の実施を、事前に管轄の消防署に申し出ておけば、実際に 119 番通報することができます。

医院では防火管理者（ビルテナントであっても防火管理者は必要）は院長先生のことが多いかと思いますので、消防計画や避難訓練の実施計画の際に、消防署にご相談ください。

火災については、基本を押さえておけば、例えば出先で火災に遭ったとしても、慌てずに行動ができます。消火器の使い方は、普段あまり気にしていないかもしれませんので、消火器の側面に記載しているラベルをご確認ください。使い方に慣れていない方は、消火器ごと火に投げ込むことが多いそうです。これでは当然、火は消えません。

また、消火器は使用期限がありますので、期限切れになっていないかどうかも確認が必要です。福岡市消防局の公式 YouTube がとても学びになるので、ぜひ一度ご覧ください。

なお、非常時の持ち出し物品ですが、患者さん情報の元になるバックアップのハードディスクやアポイント帳、当日の出勤スタッフがわかるものなどです。ただ、何よりも命が最優先なので、持ち出しが難しい場合は、諦めて避難しましょう。

また、日本は地震、台風、洪水など自然災害が比較的多い国です。日本はその約 7 割が山であり、自然が多い国なので、その分災害も起きやすくなっています。

医院地域のハザードマップは確認していますか。自治体のサイトにハザードマップが掲載されておりますので、地震や洪水について、リスクが高そうか、避難場所はどこにあるのか、どのように避難するのかを、スタッフも含めて確認しておきましょう（図表 66・67 参照）。

土地勘のないスタッフもいますので、医院の近所に住んでいるスタッフであっても、結婚や家族の転勤などで、地域になじみのないスタッフもいます。

避難場所だけでなく、そのルートも必ず確認してください。診療中の場合は、患者さんの誘導を行う可能性もありますので、非常事態時の役割分担を決めておくのも有効かと思います。

【図表 67　洪水ハザードマップ例：大阪府和泉市】

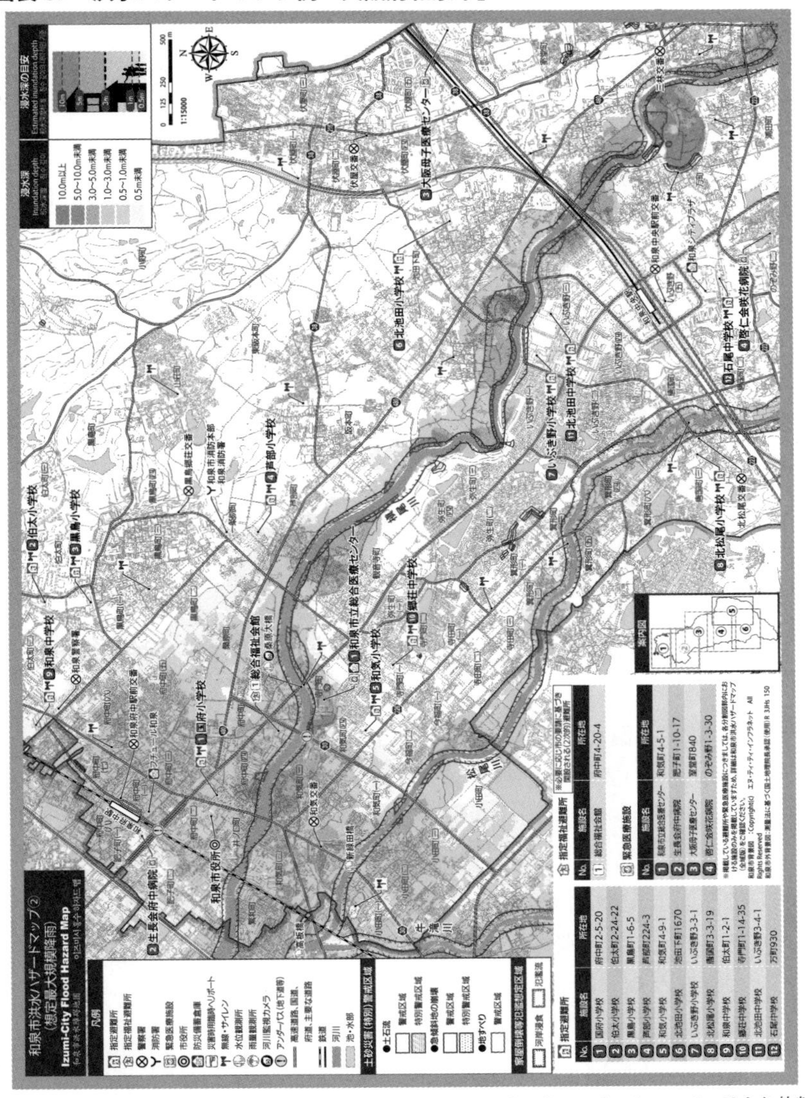

出典：https://www.city.osaka-izumi.lg.jp/material/files/group/41/kouzuibunkatuzu2.pdf より抜粋
和泉市洪水ハザードマップ②

患者さん危機管理対応（救急、AED、針刺し事故など）

自然災害とは別に、患者さんの急変に備えた危機管理もしておきましょう。救急、AEDについては、歯科医院も含めて、患者さんの急変に備えて定期的な訓練をしておかないと、いざというときに慌ててしまいます。

心臓マッサージ、AEDの使用方法については、医療者としては全スタッフに理解しておいてほしいところです。心臓マッサージ、AEDについては、訓練用の人形と模擬のAEDがセットになったものが、3日間レンタルで借りることができます（私が借りたときは、1万円弱でした）。半年か1年に一度の訓練なので、そのような訓練セットのレンタルも検討してみてはいかがでしょうか。

また、針刺し事故や感染事故も、診療科を問わず起こりえることかと思います。注射、点滴、採血などを行う内科系はもちろん、外科系で小手術を行う、歯科で鋼製小物を洗うなども針刺し事故、感染事故の可能性があります。誤飲事故が起こる可能性がある診療科は、備えが必要です。

具体的には、救急、AEDと同様、定期的な訓練をすることはもちろん、マニュアルを整備することも重要です（図表68）。

対応の流れだけはなく、対応をお願いできる医療機関との連携をしておき、緊急時には連絡する場合がある旨を伝えておくと、お互いにとってスムーズに対応できます。事故が起こらないに越したことはないのですが、万が一に備えておくことも医院のリスク管理として重要なことになります。

停電時に関する備え

医院では、その多くを電気の力に頼っています。たとえ紙カルテであっても、院内の照明、自動ドア、レジスター、薬品冷蔵庫など、全く電気を使わず医院運営をしていることは、まずありません。

病院にあるような非常用電源の設置までは、場所の問題もありますのでなかなか難しいとは思いますが、医療用蓄電池などを利用して、停電中に起こった不測の事態から、安全に電源を切ることをなど目指すためのものを用意しましょう。

したがって、いつまでも使えるための電源というより、例えば薬品冷蔵庫

【図表68　誤飲、誤嚥発生時対応マニュアル例】

誤飲・誤嚥　発生時対応マニュアル（●●医院）2020年12月09日作成

当院で誤飲、誤嚥が発生した場合、協力医療機関との連携が欠かせない。
以下のマニュアルに従って、迅速に対応すること。

■【医師、衛生士→受付】誤飲、誤嚥発生から3分で電話連絡する準備を完了する

・患者さんカルテから患者さん基本情報（氏名・年齢・性別など）
・発生時刻、発生内容（何が誤飲・誤嚥したのか）

＝＝＝＝＝＝＝＝＝＝＝＝＝＝＝

■【受付】連携医療機関へ連絡

（1）■■病院	電話番号　●●●－●●●－●●●●
（2）■■■■病院	電話番号　●●●－●●●－●●●●

↓

「○○にあります●●医院の受付○○と申します。お世話になります。
当院で誤飲・誤嚥が発生したため、ご連絡させていただきました。
以前よりこのようなことがあればまず連絡を、とお聞きしておりますので、
消化器などご担当の先生に確認したいと当院の歯科医師が申しております。
お手数をおかけしますが、ご担当の先生をお願いできますでしょうか」

↓

＊先方の担当医が電話に出たら、こちらも歯科医師に代わる
「お忙しいところ、ご対応ありがとうございます。状況について歯科医師がご説明いたします。
少々お待ちください。」

↓

当院の歯科医師に代わり、先方の担当医へ説明。受け入れ要請を行う。
対応医療機関が決まったら、ご家族へも連絡する。

以上、10～15分で対応医療機関を確定することを目標とする。

＝＝＝＝＝＝＝＝＝＝＝＝＝＝＝

■【衛生士】患者さんご家族へ連絡（同席していれば説明）

・状況説明
・受け入れ医療機関のご案内

以上をご説明し、付き添っていく旨を伝える。

なお、どちらも対応不可の場合は、以下に連絡してみる。

（3）■■■■■■■■■■■■■■	電話番号　●●●－●●●－●●●●
（4）■■■■■■■■■■■■■■	電話番号　●●●－●●●－●●●●
（5）■■■■■■■■■■■■■■	電話番号　●●●－●●●－●●●●
（6）■■■■■■■■■■■■■■	電話番号　●●●－●●●－●●●●

以上

（著者作成）

を継続させるため、あるいは手術を一旦終了させるまでの電源、などの位置づけで考えてください。

また、電子カルテにはUPS（無停電電源装置）が接続されていることもあるかと思いますが、これは突然の停電が起きたときに、データ損失を防ぐために安全にシャットダウンするための装置となっています。

これも長時間使い続けるためのものではありませんので、あくまでも緊急時に対応できるためのものと思ってください。

電子カルテの代替としては、診療内容等を記録する用紙を置いておき、後日精算するための記録を取っておくなど、紙による記録ができるように、予め記録用紙を置いておくようにしてください。

院外処方の場合は、処方せんも出せないので、空白の処方せんを何枚か印刷しておき、手書きで記入して発行するようにしましょう。そのためには、採用薬の名称一覧なども用意しておき、基本的な用法・用量なども合わせて一覧にしておき、紙ファイルで保管しておきます。

DX化が進んでも、停電の際は、このような紙ファイルでの保管も重要です。普段、電子カルテに慣れていると処方せんを手書きで出すことに慣れてないかもしれませんが、診療中の患者さんを落ち着いて終了させるためにも、普段からの備えが必要です。

スタッフに関する危機管理

最後に、スタッフに関しての危機管理についてお伝えします。

院内スタッフに対して常に何か起こったら、すぐに院長先生へ報告、連絡、相談するという体制をつくることも危機管理です。いわゆる「ホウ・レン・ソウ」と呼ばれるものです。これが何の危機管理なのか、と思われた院長先生もおられると思いますが、ホウ・レン・ソウの体制をしっかりとっておかないと、院長先生にリスクがふりかかる可能性があります。先ほどのクレーム対応、針刺し事故等についてのことでもお伝えしましたが、院内でトラブルが起こった際、すぐに院長先生へ報告し、指示を仰ぐ体制が重要です。

診療中の院長先生に報告することは、院長先生にとっては邪魔だと感じることもあるかもしれませんが、医院の最終責任者は院長先生です。トラブル対応の際、院長先生は「知りませんでした」と患者さんに言うことはできません。

とはいえ、なかなか悪い報告は上司に上がって来にくいものです。「怒られるかも」「何でこんなことになったのか」と責められるかもしれないとスタッフが考えると、報告するのが遅くなります。トラブルは時間が経てば経つほど、その解決策が見えにくくなります。

英語圏でも “I got good news and bad news. Which do you want first?” という場面があります。ある心理学者の調査によると、78％の人が悪い知らせを先に聞きたいそうです。

院長先生としては悪い知らせに対して「言いにくいことをよく知らせてくれた」「わるい知らせを報告してくれてありがとう」と対応することで、スタッフから悪い知らせが上がってくるようになります。

ある院長先生は「君たちがトラブルの報告をしないままだと責任が君たちになってしまう。私は院長として、すべてのことに責任を取る必要があるので、そのためには君たちが私に報告することだ。その報告を以て、責任が私に移るのだから、何でも正直に、早くに報告してほしい」と常におっしゃっています。

悪い知らせを聞くのは、正直気分がよい話ではありません。しかし、悪い知らせは放っておくと、どんどん事態が大きくなり、複雑化し、解決するのが難しくなりますので、これも危機管理として院長先生に心がけていただきたいと思います。

【コラム5】患者さんの名前を呼ぶ

私が勤務していた医院での出来事です。繁忙期になると患者さんであふれ、駐車場には診療待ちの方の車でいっぱいです。

駐車場の様子を見に行こうと、外に出た私が見たものは、駐車場案内スタッフに対する怒号でした。「早くして」「順番が近づいているのに、何で駐車場に入れないの」など、多くの患者さんからのクレームでした。

私はすぐに駐車場待ちで並んでいる何台ものお車に列に行き、患者さんのお名前を呼びながら「○○さん、お待たせして申し訳ありません。きちんと駐車場案内スタッフが順番どおりに案内しますし、駐車場待ちで予約の時間から遅れるかもとスタッフには伝えておきます。」と声かけしに行きました。

すると、どの患者さんもスッとイライラの顔がおさまり、「いや、ごめんごめん。これだけ混んでいるので仕方がないよね。ちゃんと待っとくから、あんたも大変やねえ」と、それぞれの患者さんにお返事いただきました。

受付にヘルプに入ったときも、診察券を受け取る前に「○○さん、こんにちは。今日はとても混んでいますよ」など、名前を入れてお呼びすると、笑顔で挨拶をしていただけることがほとんどです。

ちなみに私がお勤めしていた地域は大阪府南部で、大阪弁で「いらち」(せっかちでイライラしがち) な人が多いです。

それでもお名前をお呼びすることで、本当に表情も雰囲気も変わります。

定期的に通院している患者さんはもちろん、初診患者さんでも、もし予約患者さんでお名前が呼べそうであれば、安心して院内でお待ちいただくためにはよいかもしれません。

院長先生も、診察の冒頭に名前を入れて呼びかけて「○○さん、こんにちは。今日はどんなお困りごとがありますか」などの工夫だけでも、患者さんはとても安心します。ぜひ実践してみてください。

ある内科の院長先生は、待合の患者さんを、診察室のドアを開けて自ら呼び出しをしていました。院長先生に名前を呼ばれると思っていない初診患者さんは、みなさん驚いておられましたが、院長先生に理由を聞くと、待合から診察室までどのような様子で歩いてくるかを診るのも、内科としては大切なことなのです、とのことでした。

ただし、最近は個人情報を守るために、病院の場合は名前での呼び出しではなく、番号など別の方法での呼び出しも増えてきています。

医院では、まだお名前を呼ぶことが主流ですが、今後この流れも変化していくかもしれません。待合では番号、診察室ではお名前と、メリハリをつけるようにしていくのも方法の１つかと思います。

院長先生も患者さんも人間です。お互い人間同士だからこその治療、診療、癒しなのだと思います。院長先生も診察室に入ってきた患者さんをできるだけ早めに名前で呼ぶようにしてみてください。

【参考文献】

・櫻井弘「電話のマナーが面白いほど身につく本」（2000）中経出版

・高橋啓子「好感度 UP のための接遇講座」（2009）プリメド社

・医療タイムス社教育研修事業部　編「医療の接遇　基本マニュアル＆演習」（2012）医療タイムス社

・援川聡「患者さんからのクレーム対応」（2015）参天製薬

・小松大介「診療所経営の教科書（第 2 版）」（2017）日本医事新報社

・三瓶舞紀子「看護の現場ですぐに役立つ患者接遇のキホン」（2019）秀和システム

・島田直行「クレーマー＆問題社員」で悩んでいませんか？（2021）日本法令

・日本マーケティング協会の概要　https://www.jma-jp.org/aboutjma/

・HR One 人事　ランチェスター戦略とは【わかりやすく】成功事例と欠点も解説

・「2024 年一般向けモバイル動向調査」https://www.moba-ken.jp/project/mobile/20240415.html

・総務省　消防統計（火災統計）https://www.fdma.go.jp/pressrelease/statistics/

おわりに

私が本書の執筆の依頼を受けたとき、正直困りました。というのも、今まで正職員として事務長業務を行い、現在も事務長代行、あるいは非常勤事務長として、今まで20以上の医院、歯科医院に関わってきており、その取り組みの方法はいつも頭の中にあるだけだったからです。

院長先生への思いは（自分で言うのもなんですが）強くあり、困っている院長先生がいたら、すぐに飛んでいきます。

おかげで私の愛車は約7年で19万キロ走っています。

本書の表現が、理論的ではなく、むしろ感情的になっていることもあるかもしれませんが、これは私がすべてを理論で片づけようとは、あまり思っていないからかもしれません。

院長先生も、スタッフに対してすべてを理詰めで教育しようとしても、うまくいかないこともあるかと思います。しかし、いろんな院長先生に、少しでも医院運営のヒントを伝えたいと思えば、言葉にしないわけにはいきません。そのように決心して、感情的なことも含めて、本書を書くことにしました。

さて、医院運営は判断の連続です。そして、上手くいくときも上手くいかないときもあります。医師という立場上「病気のことはわかって当たり前」「何か知らないことがあればヤブ医者と言われる」とかなりつらい立場だと私は思っています。

医師という立場、特に開業医の先生は、世間一般から誤解されていることも多いと感じています。「偉そう」「怖そう」「金持ちで余裕そう」「不安なんてなさそう」「困り事なんてなさそう」などと言われていますが、全部「…そう」という言葉が示すとおりで、あくまでも想像なのです。

私が医療の世界に飛び込んで多くの先生方とお話をして、私の出した結論は、医師は「ピュアでビビり」なのです。本当に素直な先生が多く、そして突然のことに弱いです（失礼）。それは優しさの塊なのです。

だからこそ、慎重に、そして目の前の患者さんを何とか救いたいと一所懸命なのです。

私は2020年4月に新型コロナウイルス感染症に罹り、ホテル療養になり、高熱が８日間続きました。

お仕事の関係上、しばらくお仕事ができない旨をサポート先の院長先生にご連絡を入れました。私は「個人で仕事をしているのに長期間仕事できないとなると、サポートが全部終わってしまうかも」と思いました。

しかし、どの先生方も「何かできることがないか検討します」「田中さんいつも忙しいから、ちょっとは休めと、神様が言っているんですよ」「復帰したら、ご連絡お待ちしています」との反応で、極め付きは「差し入れ持っていきます。ホテルはどこですか」と、わざわざホテル療養初日に、ドリンクや（喉が痛かったので）食べやすいものをビニール袋２つ分、大量に持ってきていただいた先生もいらっしゃいました。

療養から復帰した後、差し入れをいただいた先生にお礼を伝えに行き、お越しいただいた理由をお聞きすると「やっと田中さんに恩返しできるチャンスが来た。これは逃せない。絶対に行く」と思って、差し入れを持ってきていただいたそうです。先生の優しさに、いま思い出しても涙が出ます。

医師ではないので、私が言うと偉そうに聞こえるかもしれませんが、院長先生は本当に患者さんのことを考え、悩み、次の一手を示す、本当に大変なお仕事だと思っています。

だからこそ、私はこれからも院長先生の悩みに寄り添い、スタッフの成長を共に喜び合い、医院運営のサポートを続けていきます。

本書を読んでお悩みのある院長先生が「あ、これ、ウチだけじゃないんだ。じゃあ、ウチではこうしよう」と思っていただき、院長先生のお力に少しでもなれたとしたら、これ以上の喜びはありません。

最後までお読みいただき、ありがとうございました。

田中　健太

著者略歴

田中　健太（たなか けんた）

株式会社Ｓ＆Ｓメディカルコンサルタント　代表取締役社長

2000年３月京都教育大学教育学部欧米言語文化専攻卒業。大学１回生より塾講師、予備校講師として複数の企業に勤務。株式会社ＥＣＣでは、非常勤講師で入社。その後正社員に転換。本部講師人事責任者として、各校舎の講師、事務スタッフなどの採用に従事。採用、育成の面白さに気づき、人事の専門家である社会保険労務士を目指すも不合格続きで、本格的に採用と育成の仕事を求め、株式会社ＥＣＣを退職。2009年10月医療法人 hi-mex 入職。医療法人本部責任者（事務長）として、医療機関勤務未経験ながら採用される。医療事務スタッフのサポート（受付、会計、往診同行）を行いながら、医院全般をサポート。その後、分院展開を全面的に行い、医療法人の総務、人事、経理、役所対応などに従事。医師、看護師、受付スタッフと医療に関わる人々の面白さと患者様ご紹介の活動でお話ししてきた様々な院長先生とお話しするうち、多くの医院を事務長的にサポートしたいと思うようになり、2015年２月Ｓ＆Ｓメディカルコンサルタントを創業、代表に就任。
2021年12月株式会社Ｓ＆Ｓメディカルコンサルタント設立、代表取締役社長に就任。
これまでの支援実績は、内科、耳鼻咽喉科、皮膚科、小児科、整形外科、訪問看護ステーション、歯科、美容皮膚科、自費ＰＣＲ検査センターがある。

もう悩みたくない！　院長先生のための実践医療事務マニュアル

2024年12月24日　初版発行

著　者　田中　健太　© Kenta Tanaka

発行人　森　　忠順

発行所　株式会社 セルバ出版
〒 113-0034
東京都文京区湯島１丁目12番６号 高関ビル５Ｂ
☎ 03（5812）1178　　FAX 03（5812）1188
https://seluba.co.jp/

発　売　株式会社 三省堂書店／創英社
〒 101-0051
東京都千代田区神田神保町１丁目１番地
☎ 03（3291）2295　　FAX 03（3292）7687

印刷・製本　株式会社 丸井工文社

Printed in JAPAN
ISBN978-4-86367-932-0